ARDOUIN 1970

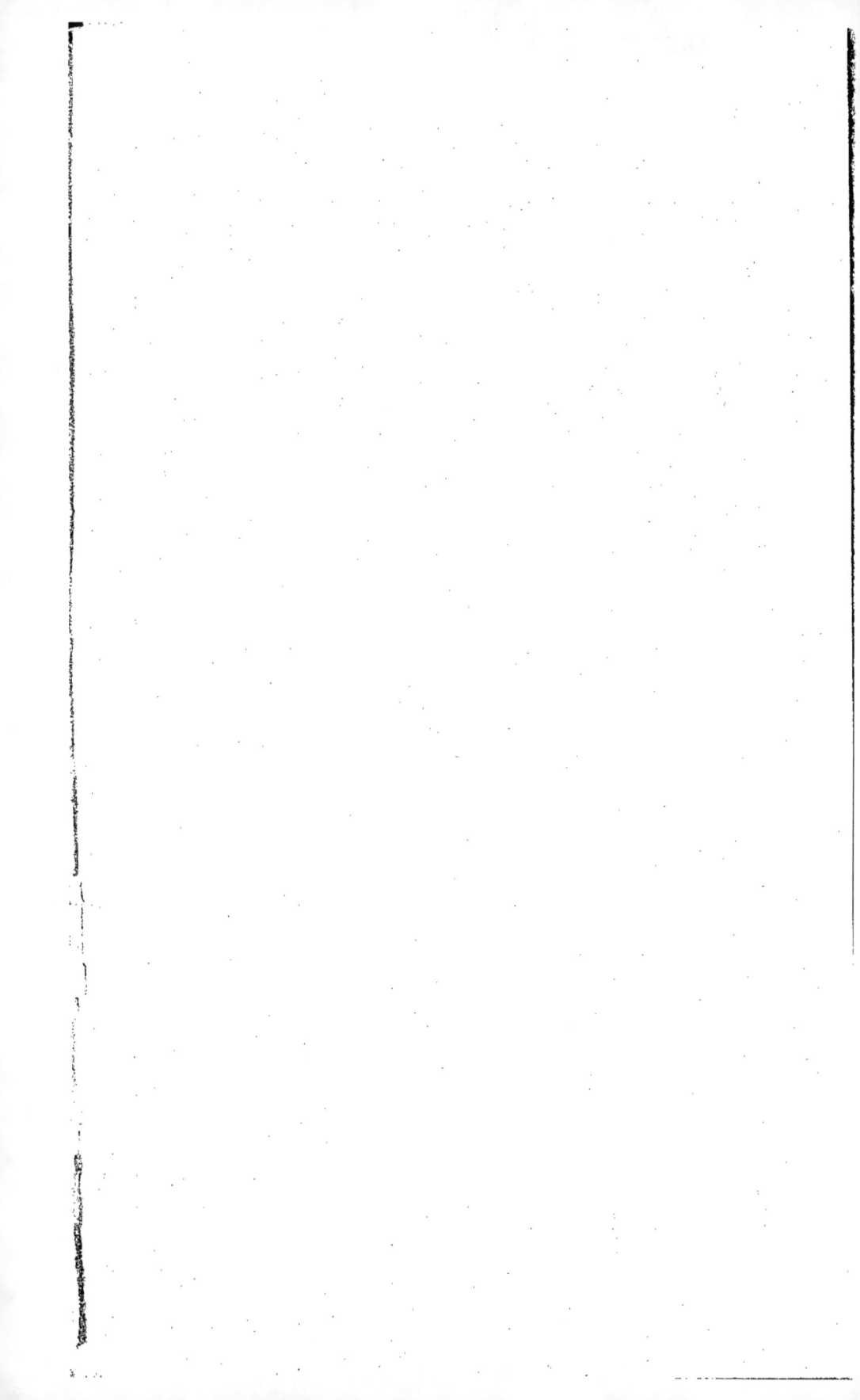

LA
JUSTICE CRIMINELLE

ET LA

POLICE DES MŒURS

A STRASBOURG AU XVIe ET AU XVIIe SIÈCLE

CAUSERIES HISTORIQUES

PAR

RODOLPHE REUSS

STRASBOURG

TREUTTEL ET WÜRTZ, ÉDITEURS

1885

LA
JUSTICE CRIMINELLE

ET LA

POLICE DES MŒURS

A STRASBOURG AU XVIe ET AU XVIIe SIÈCLE

CAUSERIES HISTORIQUES

PAR

RODOLPHE REUSS

——◦⟨⟨⊙⟩⟩◦——

STRASBOURG
TREUTTEL ET WÜRTZ, ÉDITEURS
1885

(Extrait des *Affiches de Strasbourg.*)

LA
JUSTICE CRIMINELLE
ET LA
POLICE DES MŒURS
A STRASBOURG
au XVIᵉ et au XVIIᵉ siècle.

Les hommes sont-ils réellement devenus meilleurs depuis le moment historique où nous pouvons les étudier de plus près? L'humanité du dix-neuvième siècle, prise en bloc, est-elle supérieure, au point de vue moral, à nos grossiers ancêtres des temps barbares? C'est une question souvent déclarée controversable, et notre vif désir de croire aux lois éternelles du développement et du progrès ne nous engage pas précisément à l'approfondir. Ce qui paraît certain, c'est que parmi les hommes, épluchés en détail, les vauriens et les scélérats ont formé de tout temps une minorité fort respectable, par le nombre au moins, sinon par le caractère. On dirait même qu'ils sont en progression mar-

quée de nos jours ; car, dans ces dernières
années surtout, et les facilités de locomotion
aidant, nous autres bons bourgeois de Strasbourg avons été mis à même d'en voir à
l'œuvre infiniment plus que ne le réclamaient
nos goûts, restés modestes sous ce rapport.
L'attention générale qui s'est portée, ces
mois-ci, sur les crimes commis dans nos
murs, et sur les efforts, malheureusement
impuissants, pour en découvrir et en punir
es auteurs, est cause, en partie, de la rédac-
tion du présent travail. C'est sous l'impression
des événements récents que j'ai réuni ces
notes, tirées de nos anciennes chroniques ou
de vieux dossiers judiciaires, pour les présenter aux lecteurs bienveillants qui, depuis des
années déjà, veulent bien s'intéresser à ces
causeries alsatiques. Je me suis dit qu'à
défaut de la satisfaction qu'on éprouverait à
voir appréhender au corps les assassins de
1883, c'en serait encore une, — bien plato-
nique, à vrai dire, — de constater avec quelle
vigueur s'exerçait au temps jadis l'action judiciaire dans notre petite république strasbourgeoise. De là ces esquisses anecdotiques,
destinées à montrer comment les autorités
de la ville libre impériale remplissaient, il y a
deux ou trois siècles, leur double mission
protectrice et répressive, vis-à vis des ouailles

dociles, comme aussi des brebis galeuses
confiées à leurs soins.

Je n'ai nullement la prétention de traiter
ici, d'une manière approfondie, le chapitre
peu connu de nos antiquités judiciaires, infiniment moins étudiées jusqu'à ce jour que
notre passé politique, ecclésiastique ou litté-
raire. Il ne s'agit pas non plus d'encombrer
ces pages de citations ou de renvois aux
sources, capables d'effaroucher des lecteurs
pressés ou des lectrices indifférentes aux minuties érudites. Nos compagnons de route
habituels — et j'ai le plaisir d'en compter de
fidèles dans les colonnes de ce journal —
pourront dire aux nouveaux venus que nous
nous efforçons, d'ancienne date, d'être un
guide, sinon toujours récréatif, du moins toujours consciencieux. On voudra donc bien
nous en croire ici sur parole, si, gardant pour
nous seul l'ennui de recherches souvent longues au milieu de la poussière de nos dépôts
publics, nous en donnons à nos lecteurs le
résultat, dépouillé de tout appareil scientifique inutile. Nous n'ajouterons plus qu'un
mot à leur adresse, avant d'entrer en matière.
Ils sont tous dûment avertis de la nature du
voyage que nous allons entreprendre. Quand
on doit parler d'incendiaires ou d'assassins,
d'escrocs ou de parjures, de maris infidèles

ou de femmes qui se dérangent, tout le monde
sait qu'on n'a pas à faire, en général, à de
futurs candidats au royaume des cieux. Dans
la société très mêlée que nous allons fréquenter, il se passe bien des vilaines choses, que
nos prédécesseurs, les chroniqueurs du XVIe
et du XVIIe siècle avaient l'habitude, bonne
ou mauvaise, de décrire naïvement, en les
nommant par leur nom. Nous tâcherons de
ne pas oublier les devoirs et la retenue de
langage que nous impose la morale plus
raffinée dont notre époque se vante. Mais
d'avance nous réclamons le pardon de nos
lecteurs, si jamais le souci de la vérité historique nous entraînait un peu trop loin. Le
public peut bien se permettre un instant d'indulgence vis-à-vis des réalités authentiques
du passé, lui qui l'accorde si large et si géné-
reuse aux fictions réalistes de MM. Zola et
consorts.

I.

Dans cette esquisse rapide de la justice criminelle et de la police des mœurs chez nos
ancêtres, nous n'avons point l'intention de remonter jusqu'au moyen âge. Les documents
nous feraient le plus souvent défaut pour
illustrer les codes de lois de cette époque
lointaine. Il existait autrefois, à l'ancienne Bi-

bliothèque municipale, un curieux manuscrit, intitulé le « Registre secret » (*Heimlich Buch*) et datant du XIVe siècle. Ses feuillets de parchemin jauni renfermaient principalement des arrêts et jugements prononcés par le Conseil de la Ville, et notés sans doute par son greffier, pour fournir des précédents dans des cas analogues. J. F. Hermann en a tiré plusieurs faits divers dans le second volume de ses *Notices historiques et littéraires sur la ville de Strasbourg;* plus récemment M. K Hegel, le savant professeur d'Erlangen, en ave publié des extraits dans sa belle édition des chroniques de Closener et de Kœnigshoven. Mais le cataclysme de 1870 a fait périr cet instructif recueil avec tant d'autres pages de notre histoire locale. Parmi celles qui nous auraient été le plus utiles, il faut mentionner surtout les procès-verbaux du Grand- et du Petit-Sénat, dont M. E. Müller, le consciencieux auteur du *Magistrat de la Ville de Strasbourg*, signalait encore l'existence en 1862, aux archives du tribunal civil, et qui ont flambé, eux aussi, avec les paperasses modernes du Palais-de-Justice.

Pour réunir des matériaux à peu près suffisants, nous avons dû glaner avec soin les assez nombreuses anecdotes judiciaires et les courtes statistiques criminelles, renfermées dans les chroniques appartenant déjà aux temps modernes. Ce sont, pour le XVIe siècle, celles d'Imlin, d'Osée Schad et la *Chronique de la Guerre des Evéques*. Au siècle suivant nous trouvons des indications précieuses dans les *Collectanées* de l'archiviste Clussrath, dans les chroniques de Stœdel et de Walther, dans les notices judiciaires de l'ammeister Jean-Jacques Reisseissen, conservées à la suite du *Mémorial* de son fils. Nous avons pu consulter en outre quelques fascicules de la division *Procédures*, aux Archives municipales, grâce à l'obligeance, si souvent éprouvée déjà, de notre savant ami, M. Brucker, l'actif et laborieux conservateur de ce dépôt public. L'ensemble des données recueillies de la sorte, suffira, j'espère, pour retracer un tableau à la fois exact et pourtant animé de la vie quotidienne d'autrefois, vue du mauvais côté, telle qu'elle se déroulait dans l'enceinte de nos cours de justice. Mais avant de commencer cette revue de tous les mauvais sujets et de tous les malandrins qui hantèrent jadis les salles de police ou d'assises de notre vieux Strasbourg, il faut faire connaissance avec la justice elle-même, puisque, ici du moins, nous sommes libres de faire passer les honnêtes gens avant les.... autres. Notre petit État rhénan jouissait au XVIe et au XVIIe siècle d'une

véritable profusion de tribunaux de toute nature et de toute compétence. Il ne saurait être
question de les énumérer tous ici ; nous ren-
voyons les curieux, soit au travail de Jean-
Frédéric Lauth, publié en 1784 (s'ils sont
assez heureux pour savoir le latin), soit à
l'analyse rapide donnée plus récemment par
M. Véron-Réville, dans ses *Anciennes juridictions d'Alsace*. Pour le but spécial que nous
poursuivons ici, il suffira de mentionner quatre
seulement de ces tribunaux, parmi la douzaine
existant avant la capitulation de Strasbourg ;
ce sont ceux qui s'occupaient de la répression
des crimes et des délits.

Au bas de l'échelle, pour ainsi dire, nous
rencontrons le Tribunal des Sept (*Die Sieben-
züchtiger, Siebnergericht*), composé, comme
son nom l'indique, de sept assesseurs, choisis
parmi les trois cents échevins de la ville libre.
Ce tribunal, qui fut supprimé en 1688, jugeait
les contraventions aux ordonnances sur la
salubrité publique, les injures verbales, les
rixes légères, etc. Le tribunal de police (*Policeygericht, Zuchtgericht*) avait une compétence plus étendue, qui s'étendait aux délits
contre les mœurs, à la répression du luxe, des
fraudes diverses, des outrages et scandales
publics plus sérieux. Aussi se composait-il de
magistrats d'un rang plus élevé. Ils étaient au

nombre de dix, dont l'ammeister et le stettmeister régnants. A leurs côtés siégeaient un
membre du Conseil des XV, un de celui des
XXI, deux représentants du Grand-Conseil,
l'un noble et l'autre plébéien; enfin quatre
échevins. Le tribunal de police ne pouvait
cependant infliger des peines corporelles afflictives et frappait seulement le coupable
d'amendes plus ou moins fortes. Quant aux
affaires dont l'instruction judiciaire révélait la
gravité, il était tenu de s'en dessaisir et de les
renvoyer au Grand-Conseil.

Ce dernier (*Der Grosse Rath*) était la cour
criminelle proprement dite et souveraine de
la république. Tout en étant également chambre civile, il statuait sans appel sur tous les
crimes, sévices graves, malversations de de-
niers publics, etc. Le Grand-Conseil se composait de trente et un membres, dont vingt
bourgeois et dix patriciens, présidés par l'ammeister régnant. Parmi les dix nobles (*Con-
stofler*) se trouvaient toujours les quatre stettmeister en exercice pendant l'année courante.
Quant aux bourgeois, ils représentaient chacun
l'une des vingt *tribus* d'arts et métiers, et leur
élection se faisait au sein de chacune d'entre
elles par les quinze échevins qui en étaient les
mandataires légaux. Tandis que dans les affaires civiles, il était loisible d'en appeler

encore au Conseil des XIII, quand il s'agissait
de sommes importantes, les décisions du
Grand-Conseil étaient finales dans les questions criminelles. Seulement les Treize pouvaient exercer — et exerçaient en effet fréquemment — le droit de grâce, prérogative
souveraine qui passa plus tard au roi de
France après la capitulation.

Pour examiner mûrement certaines questions délicates, le Magistrat avait institué,
bientôt après le triomphe de la Réforme,
un Tribunal matrimonial particulier (*Ehegericht*), qui remplaçait l'officialité épiscopale, et devant lequel s'instruisaient les
plaintes en adultère, les demandes de divorce, les ruptures de promesses de mariage,
etc. Il se composait de l'ammeister et d'un
stettmeister, d'un membre du Conseil des XIII,
de deux assesseurs au Conseil des XV et de
deux délégués du Grand-Conseil. Lui aussi
perdit considérablement en importance quand
Louis XIV défendit au Magistrat de faire prononcer dorénavant le divorce, mais autorisa
seulement la séparation de corps et de biens,
pour faire triompher la théorie catholique de
l'indissolubilité du mariage chrétien. Tous
les tribunaux que nous venons d'énumérer se
renouvelaient annuellement par moitié, sans
que les membres sortants pussent être immé-

diatement réélus. On assurait de la sorte à la
fois la continuité des traditions judiciaires et
le renouvellement du personnel de la magistrature, afin de faire participer d'autant plus
de citoyens à l'administration de la justice.

Nos lecteurs, habitués à voir une magistrature inamovible et professionnelle, nommée
par le pouvoir exécutif, s'étonneront sans
doute de voir ces tribunaux, dont dépendait
la vie et la fortune des citoyens, composés
presque exclusivement d'hommes n'ayant
point fait d'études juridiques. En effet, c'est
tout au plus si certains membres du Conseil
des XIII, tel ammeister ou tel stettmeister,
dont le biographe a soin de mentionner ce fait
extraordinaire, ont suivi comme étudiants les
cours de droit de Strasbourg ou visité plus
tard les universités d'Orléans ou de Grenoble.
Les échevins élus au Grand-Conseil ont été
parfois, au XVIIIᵉ siècle, des jurisconsultes,
puisque tout bourgeois de Strasbourg appartenait forcément à l'une des tribus d'arts et
métiers. Mais au XVIIᵉ siècle encore c'était là
une exception rarissime, comme Reisseissen
le fait remarquer dans son *Mémorial*. Néanmoins la justice n'était pas plus mal adminis-
trée pour cela, semble-t-il, et ce précédent
historique est fait pour encourager, dans une
certaine mesure, les novateurs contemporains

qui réclament l'organisation du jury civil, sinon même l'élection des juges par tous les
citoyens d'un pays. Il ne faudrait pas cependant conclure trop facilement du particulier
au général. L'heureux fonctionnement du système électif à Strasbourg tient tout d'abord
à ce que le suffrage restreint, se produisant
dans un milieu sans grandes agitations politiques, choisissait généralement des hommes
intelligents et consciencieux, et à ce que les
questions juridiques à trancher n'étaient pas
de longtemps aussi compliquées que de nos
jours. Mais il faut surtout remarquer que les
tribunaux jugeaient, non seulement d'après
leurs propres lumières, mais guidés et déter-
minés le plus souvent par les conclusions des
légistes, attachés à leur audience et formant,
pour ainsi dire, leur parquet.

Au moyen âge la procédure était purement
orale à Strasbourg, comme partout en Allemagne. Les accusations portées devant le juge
devant être établies par témoins, l'instruction
pouvait être sommaire et le jugement intervenait sans longs délais. Ce n'est pas au XVe
siècle qu'on eût attendu, par exemple, jusqu'aux approches de Noël pour punir un délit
de pêche commis en juillet ou des horions
échangés pendant les chaleurs d'août. Cette
manière de procéder expéditive n'avait point

disparu d'ailleurs entièrement, même pour l'époque dont nous nous occupons plus spécialement ici. Il y avait une juridiction qui la rappelait, c'était l'audience de l'Ammeister (*Ammeisteraudienz*) qui se tenait, trois fois par semaine, à l'Hôtel-de-Ville, et dans lequel le magistrat suprême de la république recevait les doléances et jugeait sommairement les griefs du petit peuple. On peut comparer ces séances à celles d'une justice de paix moderne, devant laquelle les longues plaidoiries ne seraient pas de mise en effet. Mais dans tous les tribunaux plus importants que nous énumérions tout à l'heure, la procédure écrite existait dès le XVIᵉ siècle et s'y étalait plus triomphante, à mesure que le droit romain refoulait plus victorieusement le vieux droit coutumier germanique.

Pour examiner, classer, apprécier les dossiers, souvent volumineux, on ne pouvait plus évidemment s'en reposer exclusivement sur des laïques, négociants, industriels, fonctionnaires, occupés de diverses manières ; il fallait dorénavant des jurisconsultes. Aussi chacune des chambres de justice eut elle bientôt ses officiers (*Officianten*), souvent nombreux. En voici la statistique, relevée dans le microscopique petit volume (*Forma reipublicæ Argentoratensis*) publié par Gaspard Bernegger, le secrétaire de la Ville, en 1673, et qu'on pourrait appeler le *Manuel du citoyen* de la république strasbourgeoise d'alors. Le *Tribunal des Sept* comptait un greffier, deux procureurs, un huissier. Le *Tribunal matrimonial*, plus occupé, — hélas! même il y a trois siècles, tous les ménages n'étaient pas heureux! — disposait d'un avocat-général, de deux procureurs, d'un substitut et d'un secrétaire.

Le *Tribunal de police* n'avait qu'un procureur fiscal et un greffier à sa disposition. Par contre, le Grand-Conseil avait un parquet très nombreux. Il se composait en première ligne de trois avocats-généraux, hommes d'une réputation scientifique et politique souvent considérable, et qui s'occupaient aussi de l'administration proprement dite, voire même de négociations diplomatiques, en dehors de leurs fonctions judiciaires. Ceux-ci étaient secondés par trois procureurs, trois substituts et disposaient des services d'un secrétaire-général, d'un greffier et de trois huissiers. Avec tant de travailleurs, chaque cause pouvait être rapidement et facilement instruite et pourtant l'*alternance* des avocats-généraux, dont chacun était de service pendant une semaine auprès du Conseil, leur permettait de vaquer encore à leurs autres fonctions. Dans les causes capitales, chacun d'eux était d'ailleurs obligé d'étudier attentivement le dossier et de fournir son avis motivé au tribunal. Les lumières du droit ne manquaient donc pas aux assesseurs laïques, qui prononçaient plutôt comme jurés que comme juges techniques ; il est vrai que leur embarras devait être grand quand il se produisait des dissidences d'opinion entre deux autorités, également respectées, de leur parquet.

Nous ne saurions dire si, dès le XVIe siècle, tous ces tribunaux siégeaient à intervalles fixes et d'une façon tout à fait régulière, ou si la conduite exemplaire de nos dignes ancêtres leur faisait parfois de longues vacances. Il ne serait pas impossible, qu'au XVIe siècle surtout, où la rigidité des mœurs était plus grande et la population relativement peu nombreuse (elle ne devait pas dépasser quarante mille âmes), ce phénomène, inconnu dans nos annales judiciaires modernes, se soit réellement présenté. En tout cas, il n'en était plus de même deux cents ans plus tard, car vers le milieu du XVIIIe siècle le Grand-Conseil au moins siégeait régulièrement quatre fois par semaine.

Mais il est temps de nous arrêter dans cette description sommaire nécessairement un peu

àride, et peu faite, par conséquent, pour intéresser la majorité de nos lecteurs. Quand ils
lisent aujourd'hui les comptes rendus de nos
tribunaux et de nos cours d'assises, ce n'est
pas, à coup sûr, pour s'instruire sur la composition du tribunal et les attributions légales
de ses membres. Ces détails les laissent indif-
férents ; ils courent à l'accusé ou du moins à
l'acte d'accusation. Faisons comme eux ; en-
jambons la barre, et du siège magistral pas-
sons à la sellette du malfaiteur.

II.

Nous disions dans notre introduction que le
nombre des coquins et des scélérats semble
augmenter de nos jours, mais qu'il avait été
de tout temps suffisamment considérable. En
examinant de plus près les rares données
statistiques qui nous ont été conservées pour
le XVIe et le XVIIe siècle, je suis pris de scrupules rétrospectifs à propos de ce jugement
peut-être téméraire. Il se pourrait, en effet,
que nos ancêtres n'eussent pas été plus ver-
tueux que nous et que leur contingent de
malfaiteurs fut même plus grand que celui
que la police et la justice recrutent aujour-
d'hui parmi nous.

C'est une entreprise, à vrai dire impossible,

que celle d'arriver à une détermination tant
soit peu certaine de la *criminalité* com-
parée de ces époques déjà lointaines et de la
nôtre. Nous avons bien, comme on va le voir,
quelques chiffres exacts, mais il nous manque
la base solide de tout calcul comparatif, la
connaissance du chiffre de la population de la
république de Strasbourg, au XVIe et au XVIIe
siècles. Or, si déjà les données sur la population de notre ville seule sont excessivement
controversables, il est, à plus forte raison,
difficile de savoir quel pouvait être alors le
nombre des manants des différents bailliages
de la république, qui pourtant étaient justiciables, eux aussi, dans tous les cas graves, des
tribunaux supérieurs du petit État. De nos
jours, la statistique est bien devenue une
science, et nous fournit des chiffres précis à
chaque recensement nouveau, mais les tribunaux de Strasbourg ont, par contre, une
sphère d'action plus vaste à la fois et plus
restreinte, selon la gravité des délits ou des
attentats commis par les habitants des cercles
de la Basse-Alsace, soumis à leur juridiction
civile et criminelle. Il faudrait faire, par suite,
un dépouillement minutieux de tous les dossiers actuels, rechercher le lieu de naissance
des accusés ou des coupables, pour savoir, en
parfaite connaissance de cause, s'il faut en-

treprendre un plaidoyer ou bien un réquisi-
toire contre les générations contemporaines.

Ce que nous pouvons affirmer avec quelque
vraisemblance, le voici : Strasbourg comptait,
au sortir du moyen âge, une population d'environ vingt cinq mille à trente mille âmes.
Cette population s'augmenta, d'une façon
notable, dans la première moitié du XVIe
siècle, au moment où le développement in-
dustriel et politique de la ville atteignit son
apogée. Mais les dernières trente années du
siècle furent mauvaises; les luttes fréquentes
dont l'Alsace fut alors le théâtre, les maladies
pestilentielles, engendrées par la guerre,
amenèrent une mortalité parfois effrayante.
C'est ainsi que, pour l'année 1564, on nous
signale à Strasbourg un total de 4318 décès, et
pour 1586, de 3298 décès. De plus, la *natalité*
de la population strasbourgeoise allait s'affai-
blissant. Nous venons de dresser le tableau
comparatif des naissances et des décès dans
notre ville pendant les vingt premières années
du XVIIe siècle, années relativement tranquilles. On arrive à une moyenne annuelle de 1396
décès et de 972 naissances seulement pour
cette période de 1600 à 1619. L'immigration
seule pouvait donc renforcer ou maintenir au
moins stationnaire la population de Strasbourg.
Or cette immigration s'arrêta forcément quand

les horreurs de la guerre de Trente Ans vinrent paralyser partout en Alsace l'industrie,
l'agriculture et le commerce, et amenèrent
pour notre ville en particulier une décadence
irrémédiable. Que l'on ajoute encore l'action
des épidémies ramenées en Alsace par les
armées impériales, suédoises et françaises,
épidémies qui parfois enlevèrent dans nos
murs jusqu'à quatre ou cinq mille victimes,
tant bourgeois que fugitifs de la campagne
(1622, 1633), et l'on comprendra facilement
qu'au moment de la capitulation, en 1681,
Strasbourg n'ait plus compté que vingt-six
mille âmes environ. En 1697, lors du premier
recensement régulier, ordonné par Louis XIV,
alors que déjà l'immigration catholique était
devenue considérable, le chiffre officiel des
habitants se montait à 26,481 âmes seulement.

De ces chiffres, comparés à ceux que nous
allons donner, on peut tirer une conclusion
certaine : c'est que véritablement la moralité
publique laissait beaucoup à désirer parmi
nous. Nous admettons une population totale
de quarante à quarante-cinq mille âmes pour
le territoire de la république, à la fin du XVIe
et aux débuts du XVIIe siècle. Nous trouvons
d'autre part une moyenne de 317 accusés des
deux sexes, pour les vingt-deux années, s'es-
paçant de 1578 à 1614, sur la criminalité des-

quelles il nous a été possible de retrouver des indications précises. C'est donc un accusé pour le moins, sur environ 140 habitants. Pour atteindre une criminalité semblable, le Strasbourg actuel, avec ses 109,000 âmes, devrait fournir aux justices de paix, tribunaux correctionnels et cours d'assises un contingent formidable de 768 individus par année. Nous ignorons quel est le chiffre des arrestations et des condamnations ordonnées et prononcées par notre magistrature locale, mais nous avons peine à croire qu'il atteigne cet effectif formidable. C'est de cette constatation cependant que dépendrait le jugement à prononcer sur l'intégrité morale de nos devanciers et la nôtre. Aussi présentons-nous d'avance nos excuses à celui des deux groupes, celui du présent et celui du passé, que nous aurions pesé d'un poids trop léger dans la balance de la justice.

Si le chiffre *moyen* des emprisonnements annuels est de 317 pour les vingt-deux années dont nous avons pu retrouver le bilan judiciaire, il s'en faut de beaucoup que les chiffres véritables de chaque année se rapprochent de cette moyenne idéale. Les écarts en sens inverse sont parfois très considérables. Aussi demandons nous la permission de présenter à nos lecteurs cette courte sta-

tislique elle-même, telle que la fournissent
par fragments la chronique d'Imlin, celle de
la Guerre des Evêques et celle d'Osée Schad.
D'après ces sources,

En 1578 250 personnes furent mises en prison.
  » 1579 293   »   »   »
  » 1582 345   »   »   »
  » 1583 345   »   »   »
  » 1584 219   »   »   »
  » 1585 281   »   »   »
  » 1586 383   »   »   »
  » 1587 414   »   »   »
  » 1594 224   »   »   »
  » 1597 154   »   »   »
  » 1601 352   »   »   »
  » 1603 232   »   »   »
  » 1605 310   »   »   »
  » 1606 254   »   »   »
  » 1607 280   »   »   »
  » 1608 320   »   »   »
  » 1609 418   »   »   »
  » 1610 328   »   »   »
  » 1611 365   »   »   »
  » 1612 406   »   »   »
  » 1613 426   »   »   »
  » 1614 387   »   »   »

Parmi les accusés nous rencontrons pour
un quart environ des femmes. Parfois leur
contingent s'élève jusqu'au tiers, parfois il

descend jusqu'au cinquième du chiffre total.
Les chroniqueurs ont négligé, par indifférence
ou par galanterie, d'indiquer la criminalité
féminine à plusieurs des dates mentionnées
tout à l'heure. Ils la donnent seulement pour
les années suivantes. Sur le chiffre total des
personnes incarcérées, il y avait :

En 1582 { 254 hommes,
          91 femmes,

En 1583 { 253 hommes,
          92 femmes,

En 1584 { 165 hommes,
          54 femmes,

En 1585 { 231 hommes,
          50 femmes,

· En 1587 { 342 hommes,
            72 femmes,

En 1594 { 160 hommes,
          64 femmes,

En 1601 { 295 hommes,
          57 femmes,

En 1606 { 186 hommes,
          68 femmes,

Je m'abstiens de copier jusqu'à la fin ce tableau, de peur de fatiguer inutilement le lecteur ; les chiffres donnés ici suffiront pour justi-
fier la proportion dans la criminalité que nous
indiquions plus haut. Quant aux exécutions
capitales relatives à ces mêmes années, on va
voir combien elles étaient alors nombreuses.

Elles ne le paraissaient pas peut-être aux yeux de nos ancêtres, habitués à la fréquence de pareils spectacles, mais elles le sont aux nôtres, qui depuis vingt ans n'ont pas vu la guillotine se dresser une seule fois sur les places de Strasbourg. Les misérables, suppliciés par la corde ou la roue, par les noyades, le bûcher ou par le glaive du bourreau, furent, d'après nos chroniques :

en 1581 au nombre de 16.

» 1582	»	15, dont 4 femmes.
» 1585	»	4.
» 1586	»	11. [mes.
» 1587	»	3, toutes trois des fem·
» 1594	»	9, dont 3 femmes.
» 1601	»	6, dont 2 femmes.
» 1603	»	5.
» 1605	»	12, dont 2 femmes.
» 1606	»	4, dont 2 femmes.
» 1607	»	5.
» 1608	»	6, dont 1 femme.
» 1609	»	4, dont 1 femme.
» 1610	»	7.
» 1611	»	9.
» 1612	»	7.
» 1613	»	15, dont 1 femme.
» 1614	»	7.

On le voit, les exécutions capitales n'étaient pas précisément rares à Strasbourg. Hermann,

dans ses *Notices*, dit, sans indiquer malheureusement ses sources, qu'il y eut, de 1600
à 1621, un total de 151 condamnés à mort,
exécutés dans notre ville, parmi lesquels
figuraient 31 représentants du sexe féminin.
Ce chiffre n'a rien d'extraordinaire, quand on
voit que, dans la seule année 1613, par
exemple, nos ancêtres assistèrent à quatre
pendaisons, le 29 janvier, à quatre autres
encore, le 12 février, à une neuvième le 19
du même mois ; qu'ils jouirent d'une exécution par le glaive le 18 juin, d'une pendaison et d'une décollation le 3 et le 24 septembre ; que le bourreau *travailla* derechef
en public le 15 octobre, et que le 10 décembre deux nouvelles condamnations capitales
furent encore mises à exécution. On devait
être passablement blasé, ce me semble, à
Strasbourg, sur les émotions d'un spectacle si
fréquent et les criminels du moins n'en étaient
plus guère impressionnés, puisqu'une répression si rigoureuse ne paraît point avoir fait
diminuer, d'une façon sensible, leurs méfaits
et leurs attentats. Soyons persuadés que la
théorie de la moralisation par la guillotine n'a
pas eu plus de succès dans les siècles passés
qu'elle n'en a dans le nôtre, malgré la ferveur
de ses disciples, qui prétendent expliquer
l'augmentation des crimes uniquement par la

diminution des condamnations capitales. Mais les juges et les échevins d'il y a trois cents ans, qui n'étaient point tourmentés, comme nous, par de graves scrupules sur l'inviolabilité de l'existence humaine, n'hésitaient pas, on vient de le voir, à verser le sang en abondance. Si cependant les résultats humanitaires, si hautement annoncés par les admirateurs convaincus de la peine de mort, ne se sont pas produits alors, nous ne voyons pas trop comment on justifierait encore de pareilles théories. Aussi bien, personne aujourd'hui ne se déciderait à rivaliser avec les juges impitoyables du temps jadis, encore moins se déciderait-il à dépasser leur zèle comme pourvoyeur de l'échafaud.

III.

Ce qu'il serait infiniment plus utile de connaître que ces chiffres généraux, dont la signification précise nous échappe, puisque les vagabonds et les vauriens y restent confondus avec les voleurs et les assassins, c'est la statistique du *détail* des crimes et délits commis à Strasbourg, pendant quelques années au moins de l'époque qui nous occupe ici. Malheureusement nous n'avons retrouvé rien de semblable, si l'on excepte un document unique auquel on ne peut guère rattacher des conclusions plus générales. C'est un relevé des personnes des deux sexes, emprisonnées dans le cours de l'année 1649, qui nous est parvenu par un assez curieux hasard. L'ammeister Jean-Jacques Reisseissen, qui exerçait à cette date la magistrature suprême, avait noté, par goût ou par devoir, les noms des accusés, au fur et à mesure sans doute qu'ils étaient conduits d'abord à l'Hôtel-de-Ville, pour y subir un interrogatoire sommaire, avant d'être écroués dans les cachots de la république. Le plus souvent il ajoutait dans ce journal le motif avoué ou présumé de leur arrestation. Quand une trentaine d'années plus tard, son fils, François Reisseissen, rédigeait l'intéressant *Mémorial*, récemment publié pour la première fois, le papier lui manqua un beau jour pour continuer la mise au net de ses impressions quotidiennes. Avisant parmi ses paperasses de famille, le carnet paternel à peine entamé par les notes judiciaires en question, il l'utilisa pour la suite de son propre travail et le sauva de la sorte d'une destruction à peu près certaine. Nous devons ainsi ces renseignements, incomplets mais uniques, à l'esprit de stricte épargne qui caractérisait la vieille bourgeoisie strasbourgeoise, mais qui, malheureusement, disparaît chaque jour davantage, grâce aux besoins factices des générations nouvelles et aux tristes habitudes d'insouciance économique implantées du dehors.

Donc Reisseissen, le père, avait constaté pour 1649 l'arrestation de 132 personnes, dont 95 hommes et 37 femmes. Les indications qu'il ajoute permettent d'établir les subdivisions suivantes :

Arrestations pour insubordination, désobéissance aux règlements, etc. . 11 personnes.
— pour injures et violences
matérielles . . . . . . 25 »
— pour fraudes diverses . . 3 »
— pour querelles domestiques
(*schlechte Haushaltung*), etc. 6 »
— pour vol, avec ou sans effraction . . . . . . 15 »
— pour outrages à la morale,
vie déréglée, etc. . . . . 40 »
— pour accouchement prématuré . . . . 7 »
— pour attentats aux mœurs . 2 »
— pour parjure et sacrilège . 2 »
— pour meurtre et assassinat. 2 »
— sans motif indiqué . . . 19 »

Il n'y a pas lieu de discuter longuement ces chiffres, les points de comparaison faisant absolument défaut. Nous ne savons même pas si ce chiffre de 132 prisonniers, qui reste si

considérablement au-dessous do la moyenne
générale indiquée plus haut, comprend la
liste complète de tous les coupables arrêtés
en 1649. Il se pourrait que ce fût seulement
celui des accusés présentés d'abord à l'*Ammeister audienz*, et qu'il y en ait eu d'autres
mis directement sous clef, jusqu'à leur com-
parution devant le Grand Conseil. En effet,
la plupart des délits relevés par Reisseissen
sont relativement d'une importance minime.
Le plus grand nombre d'entre eux serait aujourd'hui passible d'une légère amende seulement ou d'un à deux jours de prison.
Beaucoup, parmi les inculpés d'alors, no rolè-
veraient même à aucun titre de l'action judiciaire, puisque la loi ne se charge plus, de
nos jours, de réprimer l'immoralité clandestine des individus, mais se borne à les empêcher d'outrager trop ouvertement la morale publique.

Mais laissons ces problèmes de statistique,
que d'autres, plus heureux, parviendront
peut-être à débrouiller quelque jour, à l'aide
de documents nouveaux. Voici les criminels
plus ou moins nombreux, plus ou moins
coupables, appréhendés par les *Fausthæmmer*
ou sergents de ville d'alors, ou convoyés sous
bonne garde au chef-lieu de la république,
quand ils ont commis leurs méfaits dans l'un

des bailliages de Barr, d'Illkirch ou de Wasselonne. Supposons-les bien et dûment incar-
cérés dans l'une des nombreuses prisons de
Strasbourg, soit au *Deimelthurm* dans le
quartier du Finckwiller, soit à la tour Sainte-
Catherine ou dans l'ancien couvent des Guillemites à la Krutenau, soit dans l'une des tours
qui s'élevaient jadis derrière le couvent de
Sainte-Claire et l'Arsenal de la république, le
long du quai Schœpflin actuel, soit enfin plus
tard au *Raspelhaus*, quand la ville fut mise
en possession de l'ancienne commanderie de
Saint-Jean, située à l'entrée de l'Ill dans nos
murs.

Nous avons déjà vu quels étaient les tribunaux compétents pour juger tous ces gens là,
selon la gravité des méfaits dont les chargeait
la rumeur publique. Avant d'entrer maintenant dans le détail même de ces accusations,
et de nous consacrer à la revue, peu édi-
fiante, des crimes relatés par nos vieilles
chroniques, il nous reste à toucher une dernière question préliminaire, qui ne nous arrê-
tera pas longtemps d'ailleurs. Quel était le
code criminel en usage à Strasbourg et sur
quels textes de lois se guidaient les jurescon-
sultes et les jurés dans les procès qui se
plaidaient devant les différentes juridictions
de notre petit Etat? Avant le XVIe siècle, c'é-

tait le droit coutumier germanique, plus ou moins modifié par l'immixtion du droit romain, qui régnait, mais avec d'innombrables variantes locales, dans les différents territoires du Saint-Empire romain-germanique. Ce droit coutumier fut résumé par écrit, pour la première fois, alors que Strasbourg était encore soumis à ses évêques, vers la fin du XIIe siècle. R[.] fondus aux débuts du XIIIe siècle, puis une cinquantaine d'années plus tard pour la troisième fois, ces *Stadtrechte* constituent le premier code criminel de notre cité. Les curieux parmi nos lecteurs pourront en prendre connaissance, sous leur forme la plus authentique, dans le premier volume du *Cartulaire de Strasbourg*, dù aux soins de M. le docteur Wiegand, archiviste de la Basse-Alsace. Je les préviens seulement que ces textes sont rédigés en latin, et même en un latin qui n'est rien moins que classique. Élargies, modifiées d'après les nécessités journalières, par le Conseil suprême de la cité devenue ville libre, ces prescriptions firent loi jusqu'au commencement du XVIe siècle. Sous l'influence de la Réforme, le Magistrat renforça par des ordonnances plus rigides les règlements relatifs aux délits et aux crimes contre les mœurs. Certaines de ces ordonnances, comme la *Constitution und Satzung eines loblichen Raths ... wie das gotteslestern, fluchen, spielen, zu volltringken, eebruch, nodtzog, tungfrawen schwechen hurerey und coppelerey in irer statt und oberkeit gestrafft werden soll,* publiée en 1529, sont de véritables codes spéciaux, sur les prescriptions desquels nous aurons à revenir plus tard.

Un grand changement s'opéra vers la même époque, dans l'Allemagne tout entière, tant protestante que catholique. Déjà Maximilien Ier avait essayé de mettre quelque ordre dans le dédale des lois particulières de tant de centaines d'Etats divers, en créant la Chambre impériale de Spire, en 1496. Mais Charles-Quint constatait encore, vingt ans plus tard, l'inégalité la plus choquante dans l'administration de la justice criminelle. Les unes, parmi les juridictions locales, décollaient, rouaient, brûlaient à tort et à travers, tandis que d'autres, plus clémentes ou plus économes, envoyaient simplement leurs malfaiteurs se faire pendre ailleurs. Le jeune souverain résolut de doter l'Empire d'un code de justice uniforme et, après plus de dix ans de négociations pénibles, il obtint enfin de la diète de 1532 l'adoption de la « Constitution criminelle Caroline », plus connue sous son titre allemand, *Des Heiligen Rœmischen Reichs peinliche Gerichtsordnung.* C'est cette *Caro-*

line dont les 249 articles devinrent également
pour Strasbourg la norme de toute jurisprudence et modifièrent surtout dans un sens
plus humanitaire les prescriptions de la procédure criminelle, malgré toutes les rigueurs
barbares qu'elle renferme encore à nos yeux.

Mais à côté de ces textes généraux, plus ou
moins librement interprétés par nos pouvoirs
publics, subsistèrent une foule de réglements
et de lois particulières, appliquant les principes
à des cas spéciaux, les contredisant parfois
ou répondant à des préoccupations nouvelles.
De ces ordonnances, la *Reformirte Ordnung
eines ehrsamen Rathes von Gerichten*, qui
date de 1620, et la grande *Polizeiordnung* de
1628 sont les plus importantes. Mais on en
voyait éclore, en ces temps-là, de moins considérables à la douzaine; elles se répétaient
parfois cinq ou six fois sur la même matière,
pendant la durée d'une vie d'homme, édictant toujours les mêmes défenses, accompagnées du sempiternel et mélancolique préam-
bule: Jusqu'ici la loi n'a guère été respectée
par les sujets oublieux ou frondeurs de notre
petite république. Le savant courageux et patient qui se résignerait au long et fastidieux
travail de dépouiller méthodiquement la longue file d'in-folios, groupés aux Archives municipales sous le titre commun de *Stadtord-*

nungen, pourrait seul entreprendre une histoire approfondie de la législation strasbourgeoise, depuis ses origines jusqu'à la Révolution. Mais il aurait en même temps recueilli de bien précieux matériaux pour une histoire des mœurs et de la civilisation générale. La tâche n'a point encore été tentée ; elle ne le sera pas, sans doute, de sitôt. Heureusement que nous n'avons point à remonter ici jusqu'aux innombrables règlements manuscrits du moyen âge. Au XVIe et au XVIIe siècle, le Magistrat avait déjà l'attention délicate de faire imprimer et placarder les ordonnances officielles, afin que personne ne pût en prétexter l'ignorance. La plupart d'entre elles, relatives aux actes de la vie publique ou privée, aux relations commerciales, etc., se trouvaient forcément dans chaque famille pour en orienter les membres, devenus échevins, ou pour les préserver, simples citoyens, des amendes et des remontrances de Messieurs du Conseil. Elles sont donc venues jusqu'à nous en un nombre suffisant d'exemplaires pour qu'on n'en soit point réduit à en déchiffrer les textes inédits dans des dossiers d'archives, et si l'on a moins de mérite à en signaler le contenu, on a moins de labeur aussi pour le faire. Mais s'il est assez facile de s'enquérir aujourd'hui de leur teneur, il ne devait point être aisé

d'y conformer toujours sa conduite. Il arrive
encore aujourd'hui que des esprits chagrins ou
mal faits, incapables sans doute d'apprécier
les bonnes intentions d'autrui, se plaignent de
l'ingérence des autorités politiques, judiciaires et municipales dans leurs affaires privées.
Mais sous le plus méticuleux des despotismes
administratifs modernes on vit libre en comparaison des mille et mille entraves que nos
ancêtres strasbourgeois subissaient dans leur
existence journalière. Rien ne montre mieux
combien l'habitude peut rendre tolérables les
pires inquisitions que le calme relatif avec
lequel les bonnes gens du XVIIe siècle subissaient ces ordonnances de police et leur obéissaient ... quand il leur était impossible de
les tourner d'une façon quelconque. En quoi
leurs petits-neveux ne démentent point leur
origine vis-à-vis des petites misères du temps
présent.

Nos lecteurs pourront juger tout à l'heure
par eux-mêmes jusqu'où s'étendait cette manie de légiférer et de réglementer l'existence
quotidienne des citoyens et des citoyennes de
notre république. Car c'est dans cette direc-
tion que nous pensons devoir pénétrer enfin
dans le détail de notre sujet. Bien que ces
causeries n'aient pas — nous tenons à le répéter une fois de plus, afin de n'avoir point à

subir les reproches de quelque critique grincheux — la moindre prétention de traiter la
matière d'une façon systématique et complète, il 'faudra suivre pourtant un certain
ordre dans l'expos'tion des faits réunis dans
nos pérégrinations à travers les sources et
passer des contraventions de police aux délits
plus graves, pour aboutir aux crimes de toute
nature. Nous parlerons donc tout d'abord des
simples peccadilles qui mettaient souvent la
population honnête elle-même en conflit avec
l'autorité paternelle de la cité. Nous aurons à
traiter ensuite des fraudes diverses, qui se
produisaient dans les transactions commerciales, puis encore des attaques multiples
contre la propriété d'autrui commises sous
une forme plus ou moins grave : vol simple ;
vol avec effraction ; brigandage de grands
chemins ; incendies volontaires ; concussions
et détournements commis par des fonctionnaires supérieurs ou subalternes. A la suite
des attentats contre les choses viendront se
ranger ceux contre les personnes. Les notices
de nos chroniques sur les rixes, les duels, les
suicides, les meurtres, les assassinats de toute
sorte (infanticides, empoisonnements, etc.)
nous fourniront un chapitre suffisamment tragique — il faut l'espérer — pour satisfaire
les amateurs les plus insatiables de détails

horripilants. Le chapitre relatif aux délits et
aux crimes contre les mœurs fera voir à nos
lecteurs avec quelle rigidité nos pères sur-
veillaient la moralité des deux sexes. Mais il
leur prouvera surtout que les règlements les
plus sévères n'empêcheront jamais le dévergondage des mœurs de se produire, et que les
instincts bas de la nature humaine ne pourront être entièrement réfrénés, même dans
une société de saints. Un autre chapitre s'oc-
cupera des délits et des crimes politiques,
depuis les plaisanteries malsonnantes, ris-
quées par deux bourgeois frondeurs au coin
d'une table d'auberge et dénoncées par l'aubergiste à la police, jusqu'au crime de haute
trahison véritable, impitoyablement puni de
mort. A la suite de ces crimes contre l'État
figureront enfin ceux, plus graves encore,
commis contre la divinité elle-même et punis
avec une terrible rigueur, les paroles et les
actes sacrilèges, le pacte avec l'Esprit du
Mal, car les hallucinations de la sorcellerie
n'épargnèrent point, comme on l'a prétendu
parfois, nos compatriotes du XVII° siècle.

On le voit, le champ de nos causeries est
bien vaste, et si le sujet, pris en lui-même,
n'est guère récréatif, il nous fournira peut-
être matière à quelques réflexions utiles.

IV.

Par quel bout commencer cette promenade instructive à travers les règlements sans nombre, accumulés par les gouvernants strasbourgeois d'il y a deux ou trois siècles? De quelque côté que j'aborde l'exposé de ce fouillis législatif, je risque de mécontenter quelque lecteur désireux de voir parler d'autre chose d'abord, sans compter ceux qui, plus difficiles encore à satisfaire, préféreraient me voir arriver peut-être immédiatement au terme de ces pérégrinations à peine commencées. Descendons toujours dans la rue, en attendant qu'une inspiration salutaire nous vienne, et laissons défiler devant nos yeux patriciens, bourgeois et manants du temps jadis. Suivons plus particulièrement du regard telle matrone cossue ou telle accorte paysanne, qui traverse les rues étroites, et dont les costumes coquets ou bizarres nous ont été si fréquemment rappelés dans ces dernières années par les albums d'artistes de talent et de photographes habiles. Pourquoi ne commencerions-nous pas, en définitive, notre revue de la législation des mœurs, par c qui nous frappe le plus, en ce moment même, par l'enveloppe extérieure de l'homme, avant d'aborder son

analyse plus intime? Débutons donc, si vous
le voulez bien, par les ordonnances du Magistrat relatives aux costumes. Si jamais il y eut
des lois âprement discutées au sein des familles, dans des *Fraubasegspræch* qu'il serait bien curieux de posséder aujourd'hui, ce
furent ces prescriptions multiples qui es-
sayaient d'enfermer les Strasbourgeois de
tout âge et de tout rang dans des cadres in-
franchissables. Elles échouèrent presque toujours contre l'opposition tenace de nos respectables aïeules, et le sort à peu près con-
stant de cette législation sur le costume
prouve assez combien s'abusait le poète
quand il affirmait que

Du côté de la barbe est la toute-puissance.

Nous nous garderons de remonter aux règlements nombreux du XVᵉ siècle, dont le
plus connu date de 1493, et se prononce surtout contre les couleurs trop voyantes et... le
moulage trop plastique des formes humaines.
Il semblerait qu'à cette époque notre population d'Alsace se rapprochât davantage du
type hellénique que de nos jours, puisqu'elle
tenait à rogner à ce point l'enveloppe ingé-
nieusement drapée par nos tailleurs par-dessus les défectuosités de la charpente humaine.

L'avénement de Charles V, amenant les modes espagnoles, et coïncidant d'ailleurs avec
les débuts de la Réforme, produisit pour un
temps une amélioration sensible dans les toilettes de nos ancêtres, du moins aux yeux des
rigoristes qui rédigeaient les ordonnances
strasbourgeoises. Le sévère costume castillan,
aux couleurs toujours sombres, remplaça partout les tissus aux tons crus, tailladés de mille
manières, si bien qu'au dire d'un chroniqueur
local, « culottes et pourpoints étaient composés de plus de pièces qu'il n'y a de jours
dans l'année. « Mais, hélas, le tentateur sait
toujours prendre sa revanche. Même sous des
étoffes de deuil, il y a moyen de jouer les rô-
les de coquette; à plus forte raison devait-il
être possible d'enfreindre les prescriptions
des Catons strasbourgeois du XVIe siècle.
Nous en avons la preuve dans l'ordonnance
de 1568, qui s'attache, il est vrai, principalement aux costumes masculins ; peut-être ses
auteurs n'osaient-ils pas attaquer de front les
extravagances de leurs nobles compagnes. On
y défend, entre autres, aux patriciens de la
cité de doubler leurs manteaux de drap avec
plus de trois aunes de velours ou de soie ; les
commerçants notables et les membres du
Grand-Conseil devront se contenter de deux
aunes, les petits bourgeois et les fonction-

naires inférieurs ne prendront pas plus d'une
aune de si riche doublure, tous sous peine
de trois florins d'amende journalière pour
chaque contravention dûment établie. Aucun
bourgeois ne pourra se faire faire des chausses
de drap, crevées de velours ou de soie, ni
même des fonds de chausses (*hossengesæss*)
en pareille étoffe, détail d'accoutrement qui
nous semble bizarre, mais qui, paraît-il, était
en vogue à cette époque. Les tricots en soie
de couleur étaient également interdits. La
sollicitude paternelle du Magistrat surveillait
même les vêtements les plus intimes. Les
chemises d'homme, sauf pourtant la chemise
de noces, ne devaient pas coûter plus de quatre
florins. Les *frawenhosen* ne devaient pas être
bordés de plus d'une aune de rubans de velours. Les bonnets de fournures pour dames étaient abolis, ceux de drap maintenus
pour la bourgeoise moyenne, mais dans les
couleurs noire et giroflée seulement, tandis-
que le petit peuple féminin devait s'en priver désormais. Un article transitoire, arraché
sans doute aux membres du Conseil par
l'exaspération de leurs dignes moitiés, permettait d'user encore les pièces de costume
anti-réglementaires, qui existeraient déjà
lors de la promulgation de l'ordonnance. Il
n'est pas besoin d'être sorcier pour affirmer

que robes, fourrures et toilettes acquirent su-
bitement ce jour là une capacité de résistance
qu'on ne leur soupçonnait pas et qui les fit
durer aussi longtemps que les cottes de maille
des chevaliers du moyen âge.

Le salutaire effet de ces remontrances ne
fut pas durable; l'ordonnance de 1628, l'une
des plus détaillées sur la matière, ne le montre que trop, par le ton mélancolique des
doléances générales qui en forment le préam-
bule. Les variations de la mode avaient repris
leur cours fatal, avec une rapidité presque
semblable à celle que nous observons dans
ses péripéties contemporaines et que les historiens futurs auront à étudier, elles aussi,
quelque jour. Le désordre et la désobéissance aux lois sont si généraux, que les législateurs de 1628 ne peuvent assez regretter
« les bonnes traditions » d'autrefois. Naïfs
pères conscrits, qui n'avaient pourtant qu'à
feuilleter les ordonnances de leurs grands-
parents pour constater qu'eux déjà regret-
taient le bon vieux temps et sans doute avec
aussi peu de raison! S'ils avaient voulu les
parcourir, ils n'auraient pas gémi de la sorte
sur l'invasion des « mœurs anti germaniques »
et reproché à leurs administrés de « ne plus
imiter du tout la louable constance que nos
vieux ancêtres tudesques ont manifestée jadis,

à leur gloire toute spéciale, dans tout ce qui concernait le costume. »

Hommes et femmes sont également malmenés par l'édit somptuaire en question, bien qu'à cette époque la frivolité des femmes semble décidément l'emporter sur celle du sexe fort. On reproche aux premiers leurs bottes à l'écuyère, les immenses éperons, chaussés même par des piétons modestes qu'aucun coursier ne porta jamais, leurs cheveux, nattés et tressés, enjolivés de rubans et de bagues; on signale à l'indignation publique les robes trop courtes, les guimpes trop transparentes, les talons trop élevés, les rubans trop larges des jarretières du beau sexe. Les habits à la mode que les uns et les autres se font tailler « répugnent absolument aux esprits chastes, germaniques et chrétiens. » Pour parer à ces violations quotidiennes des anciennes ordonnances, le Magistrat a décidé de promulguer un code détaillé du costume. Il commence par diviser la société strasbourgeoise tout entière en six classes et prescrit à chacune de ces catégories, de la façon la plus minutieuse, comment elle devra dorénavant se vêtir. Ce sont les pauvres gens qui y sont le plus sévèrement repris de leurs péchés en ce genre; c'est par eux que commencent les pouvoirs publics, dont le lan-

gagé en cette occurence nous prouve une
fois de plus que la morale des *Animaux malades de la peste* est vieille comme le monde.
Donc, servantes, couturières, gardes-malades
et autres personnes de leur rang se conten-
teront pour leurs habits d'un drap ordinaire,
valant de quinze schellings à deux écus l'aune,
et de toile écrue commune pour leur linge de
corps; elles pourront border leurs vêtements
d'un petit cordon de soie, mais l'emploi
de rubans et de dentelles leur est absolument
interdit. Le port de bijoux, même faux, est
également défendu. Leurs couvre-chefs ne
dépasseront pas une valeur d'un écu et demi,
les cordons à tresser leurs cheveux le prix
de six pfennings l'aune. Ce qui peut paraître
plus dur, surtout quand on songe aux rues
mal balayées d'alors, c'est qu'il leur était interdit de porter des talons à leurs souliers.

Les défenses édictées pour la première catégorie sont valables aussi pour la seconde, qui
comprenait les journaliers et leurs femmes,
les fendeurs de bois, les commissionnaires,
les forts de la halle, etc. Un peu plus de lati-
tude est laissée aux instincts de luxe et de
coquetterie des artisans et petits bourgeois,
jardiniers, varlets de la ville, etc., qui forment
le troisième *degré*. Les hommes et les femmes
n'auront point d'habits d'un drap valant plus

de trois écus l'aune; le velours et la soie
leur sont absolument interdits, ainsi que les
nœuds de rubans, les dentelles à la ceinture
et aux culottes, les aiguillettes de soie fixées
au justaucorps. Les dentelles des collerettes
ne dépasseront pas le prix de huit à dix pfennings l'aune et leurs pelisses devront valoir
au plus vingt écus. Chacun pourra porter sur
soi, sous forme d'ornements, six onces d'or
façonné. Deux ou trois bagues sont permises,
d'une valeur de vingt florins au total, à la
condition de ne les porter qu'aux fêtes de
famille, noces, baptêmes, etc. Le chapeau
masculin ne devra point dépasser une valeur
de trois florins, façon, ganse et doublures
comprises; celui des femmes ira jusqu'à
quatre florins, mais *sans la façon*. Ceux de
mes lecteurs qui sont mariés, et peut-être
d'autres aussi, saisiront du coup l'immense
différence que cache ce bout de phrase inoffensif, car l'expérience leur a sans doute appris combien, en matière de coiffure féminine, la sauce renchérit le poisson.

Le quatrième groupe comprend les artisans
plus relevés, les artistes, les commis-négo-
ciants, les aubergistes et certains employés
de l'État. Ceux-là peuvent se payer du drap
à quatre florins l'aune; il leur est permis,
ainsi qu'à leurs femmes, de porter des bas de

soie et des étoffes de soie, mais unies et non brochées. Pas d'habits de drap d'or ou d'argent — je pense que la tentation ne leur en venait guère — pas de fourrures valant plus de trente florins, pas d'ornements en métaux précieux pesant plus de douze onces. Dans leurs bagues pourront être enchâssés des topazes, des grenats, des agates, mais non des diamants, des saphirs ou des rubis.

Les bourgeois notables, les docteurs, les licenciés, les fonctionnaires plus élevés, les rentiers formaient la cinquième catégorie. La soie, le velours, les bijoux peuvent s'y donner pleine carrière; seulement certains détails les différencient de leurs supérieurs. Point de doublure complète de velours pour leurs manteaux, pas d'habits de velours broché, rehaussés de galons d'or pour les hommes; pas de robes brodées de perles pour les dames; pas d'agrafes d'or au sein, pas de tabliers en dentelles de Valenciennes ou plutôt de Cambrai.

Quant à la sixième classe, elle comprenait les membres de la noblesse et les membres des Conseils supérieurs de la république. C'est assez dire pour tous ceux qui connaissent quelque peu les faiblesses de la nature humaine. Pas n'est besoin d'ajouter que le Magistrat de Strasbourg n'a point échappé à

la règle commune qui veut que les personnages augustes, édictant des lois somptuaires,
soient généralement peu sévères pour eux-
mêmes. On se contente d'inviter les citoyens
distingués de cette dernière catégorie à prê-
cher d'exemple par la simplicité de leur mise,
mais on se garde bien de leur imposer des
obligations spéciales; en réalité tout leur est
permis dans les limites de leur bourse ou de
leur crédit.

Ce n'est pas seulement la matière des vêtements que règle l'ordonnance de 1628. Elle
s'occupe également de la coupe et du détail
de l'ajustement. Ainsi les robes des dames du
sixième degré pourront avoir neuf volants;
celle des dames de la cinquième catégorie
n'en compteront que sept; les autres femmes
n'en auront aucun. Voyez-vous d'ici tel conseil municipal ou tel directeur de police
fixant gravement les détails de la tunique ou
du corsage de nos mondaines de 1884?

Vaines tentatives d'ailleurs; ce n'est pas
pendant les horreurs de la guerre de Trente
Ans que nos magistrats pouvaient sérieuse-
ment réussir à réfréner le luxe, conséquence
naturelle des bouleversements incessants, des
appétits déchaînés, des fortunes rapides de
cette époque néfaste. L'ordonnance de 1660
débutait par l'humiliant aveu que celle de

1628 était sans cesse foulée aux pieds et qu'à peine pouvait on encore distinguer les unes des autres les différentes catégories de citoyens. Elle renforçait les anciennes défenses avec un grand luxe d'amendes, en y ajoutant quelques interdictions nouvelles, comme, par exemple, celle de porter de fausses tresses. Le Magistrat ne peut assez flétrir pareille impudeur chez des femmes mariées; qu'aurait-il dit pourtant s'il avait vu le développement de l'industrie capillaire de nos jours et la consommation de crins de toute espèce, fournis à notre chauve Europe par les autres parties du monde? Les banqueroutiers et leurs épouses sont également soumis à des prescriptions particulières qui devaient vivement froisser leur vanité et les retenir peut-être ainsi dans la voie de la prudence et de la probité! Disons encore que cette ordonnance donne un nouveau classement de la population strasbourgeoise, une *Rangordnung* tout à fait minutieuse, à faire pâlir d'envie le maréchal de la cour de quelque principicule du Saint-Empire romain. Le groupement nous en paraîtrait aujourd'hui bizarre. C'est ainsi que nous relevons dans la quatrième catégorie la femme du trompette municipal au milieu de celles des maîtres de langue de l'Université et des professeurs du

Gymnase; les instituteurs publics y sont placés d'un cran plus bas que les barbiers et les sages-femmes.

Le règlement du 23 juin 1685 recommence, un quart de siècle plus tard, les mêmes plaintes et s'obstine à y porter les mêmes remèdes. Seulement ici le grand changement politique opéré dans l'intervalle vient ajouter quelques éléments nouveaux aux prescriptions anciennes. Le Magistrat, dans l'espoir d'arrêter « l'extravagance insensée » des costumes, et se fondant sur l'exemple déjà donné par Hambourg, Francfort et Leipzig, ordonne que les femmes mariées et les jeunes filles adoptent le costume français et quittent les bonnets et vêtements qualifiés communément de modes de Souabe, de Ratisbonne ou de Strasbourg. Même les petites filles au-dessous de neuf ans devront être dorénavant vêtues à la française.

Cette nouvelle ordonnance, nous le savons, ne fut pas plus efficace que les précédentes. La petite bourgeoisie et les classes moyennes de la cité continuèrent à porter les vieux atours et les *schneppehübe* de leurs grand'-mères jusqu'aux abords de la Révolution. Des ordonnances un peu plus laconiques que celles des Treize et des Vingt-et-Un purent seules les leur faire déposer. Qui ne connaît à Strasbourg l'arrêté de Lebas et de Saint-Just,

4

rendu le 5 brumaire de l'an II : « Les citoyennes de Strasbourg sont invitées de quitter les
modes allemandes, puisque leurs cœurs sont
français. » Ce jour-là, des centaines des anciens toquets en filigrane d'or et d'argent furent déposés sur l'autel de la patrie et portés
à la Monnaie ; ce fut aussi là, si je ne me
trompe, le dernier acte officiel s'occupant du
costume individuel dans notre cité. Depuis,
chacun de nous est resté libre de se draper à
sa guise dans toutes les étoffes possibles, et
le rôle de l'Etat se borne aujourd'hui à nous
défendre de revenir au costume de nos premiers parents.

Il est une question indiscrète que me posera
peut-être quelqu'un de mes lecteurs et sur
laquelle je dois me résigner à ne point lui
fournir de réponse catégorique. Nous voyons
bien, me dira-t-il, qu'une foule de choses
étaient défendues par la police, mais les coupables étaient-ils réellement punis? Les procès-verbaux du *Policeygericht* n'existant plus,
nul ne saurait affirmer avec certitude que les
dignes citoyens qui y siégèrent autrefois
n'aient pas rempli les devoirs imposés par la
loi. Pourtant, si l'on ne voulait point voir
dans cette confidence une intention blessante
pour les magistrats du dix-septième siècle,
j'avouerais franchement que, le plus souvent

sans doute, la loi dormait, comme parfois le
bon Homère lui-même. Je ne vois pas bien
d'ailleurs comment les juges auraient constaté certaines contraventions, à moins de
pousser l'indiscrétion jusqu'aux dernières limites. J'estime que les échevins siégeant au
tribunal de police faisaient payer de temps à
autre l'amende à quelque paysanne trop en-
dimanchée, à quelque couturière trop requin-
quée et qu'ils osaient parfois dédoubler ou
rogner le manteau d'un de leurs collègues,
dont l'opulence les rendait jaloux. Mais ils
fermaient prudemment les yeux quand passait
une *ammeisterin* aux vertugadins monstrueux,
une femme d'avocat-général en tenue de
campagne, afin de n'avoir point à constater le
flagrant délit contre l'ordonnance de 1628 ou
celle de 1685. Alors aussi l'on criait contre
l'influence des *notables*, mais on la subissait
avec une résignation plus grande, car le sentiment de l'égalité devant la justice et devant
la loi ne vivait pas encore dans les cœurs. Ce
sentiment, c'est 1789 seulement, c'est la Révolution qui nous l'a donné; ne l'oublions
jamais.

V.

Si la police s'occupait avec tant de solluci-
tude du costume ordinaire et des atours que

vous revêtiez tous les jours, vous pensez bien qu'elle était tout aussi minutieuse dans ses prescriptions relatives au costume spécial, nécessité, par exemple, par un deuil de famille. Les ordonnances du Magistrat réglementaient en effet, sous peine d'amendes considérables, la qualité des tissus, la longueur des crêpes funèbres que devaient porter, selon leur rang, les parents du défunt, et le nombre des jours consacrés à leur tristesse officielle. Si l'on perdait sa femme ou son mari, son père ou sa mère, on revêtait pour trois mois le manteau noir et pour trois mois encore les crêpes flottants. Si vos enfants n'étaient pas mariés, vous les pleuriez quatre mois, huit semaines s'ils avaient moins de douze ans, et quatre semaines seulement s'ils étaient encore en nourrice. Mais les crêpes flottants étaient l'apanage du deuil des riches; malheur au journalier qui aurait mis plus qu'une simple rosette noire à son chapeau ou dont le manteau ne serait point resté à une aune au moins du sol! Le *Policeygericht* l'aurait frappé d'une amende, car les patriciens seuls avaient le droit de balayer les rues de leurs traînes lugubres. Le puritanisme sévère du XVIe siècle se marque dans nos ordonnances par la défense de déposer sur les cercueils et les tombes des couronnes ou des

fleurs artificielles. Pas d'images en cire, pas
d'ornements en or ou en argent, qu'on regardait sans doute comme des vestiges d'ido-
lâtrie. Des fleurs naturelles, des branches de
romarin pourront seules orner les lieux où
reposent ceux qui vous furent chers; encore la
loi ne permet-elle ces offrandes pieuses qu'aux
parents, grands-parents et aux parrains et
marraines des défunts. Si par hasard un cou-
sin, une nièce, un simple ami cédaient à la
tentation d'imiter leur exemple, il leur en
coûtait cinq livres d'amende. Etrange aberra-
tion des législateurs d'alors, venant à punir,
comme un délit, le sentiment le plus hono-
rable de la nature humaine, le culte et le respect des morts!

La joie d'ailleurs est réglementée , tout
comme la tristesse. Si l'on n'est pas libre de
manifester son chagrin d'une façon contraire
aux volontés du Magistrat, on ne l'est pas
non plus de s'amuser à sa guise, quand arri-
vent les beaux jours, si rares dans l'existence.
La tutelle gouvernementale intervient pour
empêcher l'extravagance pécuniaire ou l'outrage à la décence publique. Mesure excel-
lente, direz-vous; que n'en est-il toujours
ainsi de nos jours? Oui, sans doute, en principe c'est parfait. Mais vous ne vous doutez
pas apparemment des minuties auxquelles

descendait la police strasbourgeoise, et votre
enthousiasme serait fort refroidi s'il vous fallait vous soumettre à ces prescriptions que
vous admirez de confiance. Voici, par exemple, quelques-uns des règlements relatifs aux
noces. Peu de matières ont été aussi souvent
que celle-ci l'objet d'ordonnances officielles
durant ces deux siècles. En 1603, en 1634, en
1650, en 1664, en 1681, en 1685, pour nous
borner au XVIIe siècle — nous voyons apparaître des *Hochzeitsordnungen*, différant entre
elles, selon la rigueur des temps, mais également curieuses par ce qu'elles défendent
et par ce qu'elles permettent. A la première
de ces dates nous sommes encore en plein
dans les mœurs plantureuses du siècle des
Rabelais et des Fischart. La police sourit
d'un œil paternel aux interminables agapes
qui marquaient alors, pour les convives et
les mariés eux-mêmes, l'entrée dans la vie
domestique. Elle les autorise à se goberger
trois jours durant, et fixe le nombre des
invités à soixante, ce qui pouvait suffire, je
l'avoue, aux plus opulents bourgeois de Strasbourg. Mais bientôt arrive la guerre de
Trente Ans. On décrète des jeûnes et des
prières publiques; on veut rabattre un peu de
l'indécent gaspillage et de l'ostentation ruineuse qui se manifestent partout. On décrète

tout d'abord que les noces ne se célébreront plus qu'à l'auberge, dans les *poêles* des tribus d'arts et métiers, afin que la police en puisse mieux contrôler l'ordonnance et le menu. Puis la durée de la fête est réduite à un seul jour et le nombre des invités descend en 1664 jusqu'à douze couples au plus. Il est vrai qu'il est remonté déjà jusqu'à seize, vingt ans plus tard. Cette société ainsi réduite ne pourra pas se récréer à son gré. Elle est groupée à deux ou quatre tables séparées de par la loi, et il n'est point permis, par exemple, aux jeunes gens de s'y asseoir aux côtés des jeunes filles. Nos dignes aïeux jugeaient, paraît-il, un tel voisinage trop dangereux pour les mœurs. On parque donc les jeunes cavaliers à une table particulière et l'aubergiste veillera soigneusement à ce qu'ils ne rompent point leur ban, sous peine de trente livres d'amende. Au commencement du XVII⁰ siècle on coupait encore le festin principal. Le *mittagsimbiss* se faisait de dix heures du matin à deux heures, le *nachtimbiss* de six heures à dix heures du soir. De deux heures de l'après-midi à six heures du soir l'on se livrait aux plaisirs de la danse, pour mieux digérer le premier repas sans doute et se préparer aux dangers du second.

Plus tard, le gouvernement supprima l'un

des repas, en allongeant un peu la durée de
l'autre, et la partie gastronomique des noces
se célébra dorénavant de onze heures du matin à cinq heures du soir. Qui nous rendra les
robustes estomacs, dont devaient être doués
nos ancêtres, pour siéger ainsi, six heures durant, sans succomber dans la lutte! Non que
l'occupation leur manquât; bien au contraire.
Le Magistrat de Strasbourg a poussé la sollicitude pour ses sujets jusqu'à dresser, dans
l'édit de 1664, le menu-modèle des citoyens
marquants de la cité, et nous savons par conséquent ce qu'était alors un repas de noces.
Le diner se composait de quatre services. Au
premier, dit l'ordonnance, on mettra sur chaque table un coq d'Inde ou un coq de bruyère,
deux pâtés de poulet ou de pigeon, deux soupes chaudes et deux soupes froides. J'aban-
donne à de plus compétents que moi de fixer
la nature de ce dernier mets. Le second service comprenait une poule bouillie, du bœuf
frais et salé, quelques plats de légumes, tels
que choux, raves, navets, etc. Au troisième
service l'on voyait apparaître sur chaque table un gros poisson, carpe ou brochet du
Rhin, flanqué de fritures de petits poissons,
goujons (*grundlen*) ou saumonneaux. Le quatrième service comptait *huit* espèces de rôti,
abandonnées au choix du marié, qui donnait

le festin. Le dessert se composait de beignets, de tartes et de fruits; la mise sur table de « bonbons et autres sucreries » était sévèrement défendue par la loi. Personne d'ailleurs n'aurait été capable, je pense, d'en prendre encore sa part. Le vin ordinaire était à discrétion; aussi, dit un édit, était-il souvent bien mauvais. L'aubergiste devait placer de plus sur chaque table deux mesures de *vin d'honneur*, au moment où l'on servait le rôti. Les repas étaient fournis par l'aubergiste d'après un tarif fixé par les ordonnances, et si de tels détails ne nous éloignaient un peu trop de notre sujet principal, il serait intéressant de comparer ici les prix qui s'y trouvent marqués et qui nous montrent le renchérissement rapide des vivres en Alsace pendant le cours du XVIIe siècle.

Après le dîner commençaient les distractions chorégraphiques et la jeunesse tâchait de se rattraper d'un long silence et d'une séparation si pénible. Mais elle ne dansait pas comme elle voulait. Que les règlements de police lui défendissent les cris et les « beuglements », rien de mieux; qu'ils insistassent sur la nécessité d'une attitude modeste et « vertueuse », passe encore, bien que de pareilles recommandations fassent un effet bizarre dans un texte de loi; mais ce n'était pas

tout. Les danseurs étaient invités à déposer
leurs épées au vestibule, mais ils devaient
garder leurs manteaux en dansant, même en
été! Les jeunes filles étaient punissables, si
elles arrivaient au bal sans chapeaux ni bonnets et si elles « dansaient en cheveux ». Une
amende frappait le cavalier trop galant qui se
permettait d'offrir un rafraîchissement à sa
danseuse. Autre trait de mœurs qui nous paraît
étrange aujourd'hui, mais qui se retrouve dans
deux ou trois règlements de l'époque : il est
défendu, sous peine de vingt schellings d'a-
mende, à des jeunes gens ou à des filles,
ne faisant point partie de la noce et n'ayant
point été invités, de pénétrer dans la salle de
danse. Ceux qui y entreront par violence seront très sévèrement punis. Les dames devront surveiller attentivement les demoiselles
qu'elles chaperonnent, « afin qu'il n'advienne
rien de malséant », et les danseurs sont avertis
qu'il est défendu de chanter, de retenir les
danseuses dans l'intervalle des danses et de se
livrer à des attouchements indiscrets (*ohnge-
bürlich angreiffen*)! Une amende de cinquante
livres frappera celui qui se permettrait de
venir masqué; cette pénalité relativement
excessive devait empêcher sans doute l'intru-
sion d'inconnus audacieux ou mal appris. Au
coup de dix heures, l'aubergiste était tenu

d'interrompre les menuets et les quadrilles,
et de mettre tout le monde à la porte. Chacun
devait quitter alors décemment le local de la
fête et rentrer directement chez soi. Une nouvelle amende frappait ceux qui suivaient les
jeunes mariés à leur domicile pour y vider
une dernière coupe à leur santé. Tous les
quinze jours, et sous peine de quinze livres
d'amende, les hôteliers devaient porter à
l'Hôtel-de-Ville un rapport circonstancié sur
les noces célébrées chez eux dans l'intervalle;
ces *Hochzeitszeddel* ne portaient pas seulement les noms des deux sexes et le menu du
repas, mais mentionnaient aussi les faits divers
qui s'y étaient passés. Notre gouvernement
pouvait suivre de la sorte dans leur vie intime
ses dociles administrés, et s'il était infiniment
moins terrible que le fameux Conseil des Dix
à Venise, on peut affirmer pourtant qu'il était
au moins aussi curieux que lui.

Ce qui se passait aux mariages, se produisait
également lors des baptêmes, au XVIe siècle
du moins. Car au siècle suivant le Magistrat
simplifia beaucoup la police des baptêmes, en
supprimant à peu près tout ce qui constitue
ces fêtes de famille, en dehors de la cérémonie
religieuse proprement dite. Tout *Kindlauf-
imbiss* était défendu sous peine de vingt-cinq
livres d'amende, et ce n'est guère qu'en 1708

que le gouvernement se radoucit et permit un
« repas modeste », menaçant d'une amende
de trois livres ceux qui dresseraient un menu
trop succulent; défense élastique et qui ne
dut embarrasser personne!

L'ordonnance de 1621 défendait même les
cadeaux trop riches, offerts d'ordinaire par
les parrains et les marraines. Les patriciens
seuls pourront donner jusqu'à un écu d'or
comme *gœttelpfennig*, si tel est leur bon
plaisir, mais ils n'y sont nullement tenus. Les
bourgeois se borneront à dix schellings, à un
thaler, ou même ils donneront moins encore,
s'ils le préfèrent. Défense au parrain de faire
aucun cadeau de valeur à la mère de l'enfant,
ni à la marraine; il ne leur offrira donc ni
pelisses, ni bijoux, ni robes de baptême, et
quatre schellings au plus à la nourrice. Pas
de bonbons même pour les pauvres enfants,
toujours sous peine de vingt-cinq livres d'a-
mende. Il faisait bon être parrain sous ce
régime économique, et je sais d'estimables
contemporains qui soupireraient un peu
moins en voyant apparaître chez eux tel jeune
père de leurs amis, si la législation de 1664
était encore en vigueur. Ce qu'il y a de plus
singulier dans ces prescriptions spéciales,
c'est de voir les sages-femmes instituées auxiliaires de la police judiciaire et chargées

d'ouvrir et de déficeler les paquets offerts ce jour-là par les parents et les amis, les parrains et les marraines, afin d'en vérifier le contenu. Elles devaient présenter un rapport véridique au *Zuchtgericht*, à la fin de chaque mois, sous peine d'être révoquées de leurs fonctions.

Nous pourrions poursuivre encore dans d'autres directions l'étude de ces ordonnances nombreuses qui s'ingéraient dans la vie privée de nos ancêtres et soumettaient à l'examen de la justice une foule d'actes relevant uniquement aujourd'hui de notre libre arbitre, voire même de nos caprices. Mais nous devons ne pas trop dévier du plan que nous nous sommes tracés. Après avoir suffisamment constaté de la sorte qu'au XVIe et au XVIIe siècle les plus dignes citoyens risquaient chaque jour de commettre, involontairement peut-être, des délits justiciables des tribunaux, nous allons quitter l'intérieur de leurs demeures pour la voie publique et constater ici des contraventions, déjà plus graves, que la justice strasbourgeoise punit encore aujourd'hui.

VI.

Quel est l'honnête et pacifique bourgeois de notre ville qui n'a point eu, mainte fois déjà, l'occasion de lire dans son journal le récit des désordres et des scandales nocturnes qui troublent le repos de la cité? Peut être a-t-il assisté, bien malgré lui, à de tels ébats; peut-être même en a-t-il été lui-même la victime, et lui a-t-on cassé ses vitres, éteint ses lanternes, maculé ses devantures neuves ou détruit ses clôtures à peine établies. Heureux encore si l'on n'a point décroché son enseigne, conduit ses camions à la rivière, ou si quelques disciples de Minerve en goguettes n'ont point dépensé leur verve patriotique à démolir sa maisonnette de campagne! Si le susdit bourgeois est d'un tempérament colérique, il se fâchera, bien sûr, et courra dénoncer à la police les malfaiteurs inconnus; s'il est d'un tempérament lymphatique, au contraire, il se contentera de soupirer avec résignation et de murmurer : Il n'en était pas autrefois ainsi! Quelque désireux que je sois de respecter ces illusions consolantes, je me sens obligé de lui répondre qu'il se trompe et qu'il en aurait vu de semblables, si le sort l'avait fait naître au XVIIe siècle.

On n'a qu'à jeter un coup d'œil sur les nombreuses ordonnances datées de cette époque, pour voir avec quelle énergie, rarement couronnée de succès, le Magistrat essayait de combattre le tapage nocturne et le désordre de la rue. A notre époque du moins, si l'on effarouche nos oreilles par des détonations subites, ce n'est guère que dans la nuit de la Saint-Sylvestre, et notre calendrier nous avertit d'avance. Mais il y a deux siècles et demi, on se livrait, paraît-il, avec une application journalière à ces exercices de tir nocturne, tout en galopant à travers les rues endormies, en sonnant du cor, en embouchant la trompette. L'ordonnance de 1618 nous montre des jeunes gens organisant des cortèges en voiture et se promenant de la sorte dans les rues étroites et mal éclairées, bousculant sur leur passage les piétons attardés en poussant des « beuglements sauvages ». Pour couper le mal par la racine, le Conseil arrête de défendre désormais d'une manière absolue la circulation à cheval ou en voiture, après neuf heures du soir. Deux catégories de personnes sont seules exceptées, les princes de passage à Strasbourg et les malades. Une amende de cent thalers frappera les récalcitrants. Dès 1619 la même ordonnance est derechef affichée, et le Magistrat se lamente de ce que le « *vlehisches naechtliches Jauchzen und Jaehlen* » soit devenu plus insupportable que jamais. En 1622, nouvel arrêté, défendant à tout bourgeois ou bourgeoise de sortir après dix heures, même à pied, sans lanterne. Défense aussi d'aller aux bals nocturnes, qui parfois

ne commencent qu'à minuit et durent encore
à six heures, au moment où la cloche appelle
au premier service du matin. En 1630, une
amende de trente livres est infligée à tous
ceux qu'on rencontrerait dans les rues, dès
neuf heures du soir, sans un fallot ou quelque
autre lumière à la main. De plus, ce n'est
point l'amende seule qu'auront à payer dorénavant les braillards; ils seront bien et dù-
ment enfermés à la prison ou bien exhibés
au *schandheusslin* du pont du Corbeau, dont
nous aurons à parler plus tard.

On n'a qu'à parcourir les recueils d'estam-
pes du temps, publiés à Strasbourg, tels que
le *Speculum Cornelianum* ou l'*Evidens desi-
gnatio* récemment reproduits par M. Maurice
Thiébaut, pour se convaincre combien la sû-
reté de nos rues laissait à désirer à cette époque. Voyez, par exemple, le déploiement de
forces militaires nécessité pour escorter chaque soir l'argenterie de la buvette de l'ammeister, depuis l'Hôtel-de-Ville jusqu'à la demeure particulière de ce haut fonctionnaire.
Voyez encore ces groupes d'étudiants avinés,
se ruant les uns sur les autres, flamberge au
vent et ne se contentant pas de se marquer
d'estafilades soignées, mais tournant encore
leurs armes contre le guet qui vient interrompre ces batailles sauvages. Il y avait là

certes de quoi engager les gens paisibles à ne pas faire des promenades solitaires trop prolongées au clair de lune.

Mais ce n'était pas seulement pour les heures de la nuit que la police des rues préoccupait le gouvernement de la cité, et formait parfois l'objet de longues et peu récréatives discussions. Il y avait en effet là de quoi grandement occuper les fonctionnaires spécialement proposés à l'hygiène et à la salubrité publique. Nous n'avons pas d'idée de l'incroyable indifférence de nos bons aïeux à l'égard des plus impérieuses exigences de la propreté et de la santé générales. Malgré les avertissements terribles des épidémies répétées du moyen âge, rien ne s'est fait pendant bien longtemps pour en empêcher le retour. On nous permettra de citer, comme un exemple typique de la malpropreté naïve et comme inconsciente de cette époque, un article du règlement de la Maison des Lépreux, publié par M. Ch. Schmidt dans sa savante étude sur les léproseries de Strasbourg. Il y est défendu aux malades de vider leurs déjections de toute nature par les fenêtres de leurs demeures, mais seulement de Pâques à la Saint-Michel ; il ne convient pas de déranger les promeneurs qui, pendant cette époque de l'année, viennent se récréer dans le voisinage. Mais le lé-

gislateur ne semble voir aucun inconvénient
d'hygiène ni de salubrité à ce que pareille
opération de vidange sommaire s'accomplisse
depuis la Saint-Michel jusqu'à Pâques. C'est à
peine si le Magistrat, en défendant les inhu-
mations dans l'intérieur de la ville par l'édit
de 1527, écarte l'une des causes permanentes
de maladies nouvelles.

On sait le nombre considérable de canaux
qui sillonnaient autrefois les divers quartiers
de Strasbourg, et dont les derniers n'ont disparu que de nos jours. Il y en avait tant que
les « manuels des voyageurs » de cette époque
comparaient Strasbourg à Venise, hommage
hyperbolique, hélas! et très peu mérité. Tous
ces *fossés* étaient surplombés de *sprochhäser*
ou latrines, suspendues au revers des maisons,
et recevaient les immondices de toute nature,
qui croupissaient ensuite sur place, à ciel ouvert. On avait bien pu les transformer autrefois en engins de guerre utiles, comme au
siège de Schwanau (1333), où les artificiers
strasbourgeois remplirent des tonnelets avec
cette vidange et les lancèrent dans l'intérieur
du château au moyen de leurs catapultes,
forçant les assiégés à se rendre pour ne point
être asphyxiés. Mais au XVIIe siècle, après
tous les perfectionnements apportés à l'artillerie, il n'y avait plus là qu'une source de

pestilence et de dangers. On ne fit guère d'efforts cependant pour modifier un pareil état de choses; comment l'aurait-on fait, puisque le même fléau envahissait partout les rues elles-mêmes? Là du moins le Magistrat luttait de son mieux, mais sans obtenir un succès durable. Il avait institué, dès le milieu du XVIIe siècle, un corps délibérant spécial, chargé de veiller à la santé publique; c'était le *Collegium Sanitatis*, dont notre savant concitoyen, M. le professeur Strohl, retraçait, il y a quelques années, l'histoire dans une attrayante et spirituelle brochure. Les magistrats et les docteurs en médecine qui le formaient ont été certainement fort à plaindre de leur vivant, car si leur tâche était ardue par elle-même, elle le devenait cent fois plus encore par l'obstination déplorable de leurs compatriotes. C'est une lutte de chaque jour, pour ainsi dire, qu'on peut suivre dans les procès-verbaux du Conseil d'hygiène, existant encore aux archives municipales. L'entrepreneur du balayage public, le *Horblohner*, comme on l'appelait, était toujours en retard avec sa tâche. En hiver, la neige encombrait les rues pendant des semaines, jusqu'au moment où le Magistrat requerrait d'autorité les membres de la tribu des jardiniers avec leurs charrettes, pour la conduire à la rivière. En

été c'était bien pire. Chaque propriétaire
était tenu de faire balayer *deux fois par semaine* devant sa maison et de porter ensuite
le fumier et les déchets du ménage sur de
grands tas qui s'élevaient, de distance en distance, au milieu de la rue. Voilà tout ce que
lui demandait l'ordonnance de 1689. C'est là
que le *Horblohner* et ses aides allaient ensuite
les chercher.... quand ils les cherchaient.
Mais ils les oubliaient aussi parfois et laissaient stationner tranquillement ces immondices pendant des journées entières. Du samedi
après-midi, dès après le passage du tombe-
reau, jusqu'au lundi matin, il était défendu,
sous peine de cinq livres d'amende, de jeter
des ordures dans la rue. Le Magistrat, bien
modeste, on le voit, dans ses prétentions,
voulait que la voie publique fut présentable
au moins le dimanche. Mais on n'a qu'à parcourir ses doléances continuelles, pour s'assurer que même ce *minimum* de propreté ne fut
pas toujours obtenu. Quand bien même les
hommes eussent satisfait aux prescriptions des
ordonnances, il y avait encore contre elles les
animaux. Pendant des siècles, ce fut un des
plus chers privilèges de la bourgeoisie de
Strasbourg que de pouvoir élever des porcs
à domicile. Adorait-on tellement parmi nous
la chair de ce « quadrupède immonde »? Je

ne sais, mais il n'y avait guère de maison qui
n'en hébergeât quelques-uns. Les règlements
limitaient, il est vrai, leur nombre à trois par
famille; mais lors d'une inspection faite par
le Conseil d'hygiène, on trouva des immeubles où grouillaient jusqu'à trente de ces disciples inconscients d'Epicure. La rue d'Or et
la rue des Bouchers paraissent avoir été, de
temps immémorial, parmi nos voies publiques
les plus *fumées* de Strasbourg. Leur largeur,
qui permettait d'y établir des dépôts plus considérables, leur valait sans doute cet embel-
lissement douteux. Lors du grand tir de 1576,
le Magistrat dut prendre une délibération
spéciale au sujet de ces deux rues et décida
qu'on les évacuerait « un peu », afin que les
nombreux visiteurs étrangers pussent au moins
y circuler à leur aise.

On se tromperait fort cependant si l'on
pensait que les bêtes à quatre pattes étaient
les plus coupables de la malpropreté générale
de la cité. J'en demande pardon d'avance à
mes lecteurs, mais je ne puis faire autrement
que d'indiquer au moins l'état des choses au
temps jadis, ne fut-ce que pour qu'ils puissent
bien apprécier tous les progrès accomplis depuis lors. Des données extraites par M. Strohl
des procès-verbaux officiels, il appert que,
même aux débuts du XVIIIe siècle, beaucoup

de maisons strasbourgeoises, n'aboutissant
point à un cours d'eau, se passaient encore
absolument de ... retraite intime. Les habitants trop primitifs de ces quartiers, dit le
savant professeur, derrière lequel je m'abrite
pour traiter une pareille matière, « jetaient
dans la rue les résidus de leurs digestions,
recueillies dans l'intérieur de leurs maisons ».
Les soldats de la garnison y mettaient encore
moins de façon et c'était un spectacle indi-
cible, paraît-il, que celui de certains quartiers dans le voisinage des casernes. Telles
ruelles de Marseille, et telles rues de Naples
(je parle d'il y a trente ans, s'entend) étaient
d'une propreté scrupuleuse en comparaison
de celles que le Conseil d'hygiène signalait
à l'indignation du Magistrat. Celui-ci faisait
venir l'entrepreneur, le tançait d'importance,
le frappait même d'une amende, ainsi que les
coupables, quand on avait pu les découvrir,
faisait conduire à la rivière, par l'équarrisseur
et ses aides ces formidables amas d'immondices (il était pour le système du « tout à
l'égoût », comme on voit), et.... le lendemain
ces horreurs recommençaient de plus belle.
On trouvait quelque prétexte spécieux pour
ne pas payer l'amende, et les doctes médecins
du Conseil, le spectable *Stadtphysikus* en
tête, devaient se reconnaître impuissants à

réfréner d'aussi déplorables abus, dont tout
le monde autour d'eux était complice. Comment sévir d'ailleurs contre les soldats?
Qu'auraient dit Mgr l'Intendant et M. le gouverneur, si l'on avait arrêté l'un d'eux? Le
Magistrat osait à peine protester timidement.
contre des actes bien plus dangereux encore
pour la santé publique. Ainsi les ordres religieux, rentrés en grand nombre après la capitulation de 1681, crurent pouvoir reprendre
impunément la coutume d'enterrer leurs morts
dans leurs enclos, même au cœur de la ville.
En 1711, par exemple, l'odeur des cadavres
inhumés dans les caveaux des Antonites em-
pestait les abords de la rue de l'Arc-en-Ciel;
les religieuses de Sainte-Barbe faillirent, elles
aussi, créer une véritable épidémie par l'en-
tassement des sépultures dans leur nouveau
couvent. Pourtant c'est à peine si l'on osa
porter des remontrances respectueuses au
vicaire général de l'évêché, qui promit de
faire cesser « ce procédé imprudent ». Il ne
fut pas question d'amende ce jour-là, et
l'on comprend que le petit bourgeois lui-
même ne fût point pressé d'obéir, quand il
voyait combien peu l'on se souciait autre part
des lois et règlements de l'État. Ne gromme-
lons donc plus aujourd'hui, si nous rencontrons par hasard, sous nos pieds, quelques

épluchures renversées sur le trottoir de notre
maison; ne crions pas trop fort quand notre
odorat s'offusque des émanations trop accen-
tuées de quelque fosse de la ville ou de quelque fossé des alentours. Soyons patients en
songeant aux épreuves, autrement pénibles,
du passé et, tout en réclamant d'autres libertés, plus précieuses, remercions plutôt nos
administrations modernes d'avoir restreint
quelque peu les libertés anti-hygiéniques que
prenaient nos pères et dont ils furent les
premiers à souffrir.

VII.

Une autre cause de troubles et de désordres
dans les rues, que les gouvernants d'autrefois,
pas plus que ceux d'aujourd'hui, ne réussis-
saient toujours à écarter, c'était la trop intime
accointance contractée par leurs administrés
avec les dons de Bacchus. Les fâcheux résultats que produisait fatalement une passion si
prononcée donnaient fort à faire aux pères de
la cité.

Le bon marché inouï du vin dans les siècles
du moyen âge avait fortement développé le
goût de nos ancêtres pour le jus de la treille.
« L'Alsacien, dit un savant abbé, qui fait autorité dans ces matières économiques, l'Alsa-

cien boit et aime à boire. Il boit quand il a
soif et il lui arrive souvent d'être altéré. Mais
il boit aussi, alors qu'aucun besoin ne le
presse, par habitude, par courtoisie, par bra-
vade, par distraction, par goût. » Et M. Hanauer ajoute avec une pointe de mélancolie :
« Vraiment, les plus intrépides buveurs de
l'Alsace moderne nous paraissent continuer
tout au plus les traditions de leurs pères. »
A l'époque dont nous parlons, on ne vendait
plus, comme en 1436, le vin blanc ordinaire
à *deux centimes* le litre et l'hectolitre à
1 fr. 96 c. On ne pouvait plus se payer le
plaisir de déguster les plus fins crus d'Alsace
à *vingt-trois centimes* le litre et de les acqué-
rir à 18 fr. 58 c. l'hectolitre. Mais cependant
les tarifs du XVIIe siècle lui-même, venus
jusqu'à nous, indiquent encore des prix abor-
dables aux bourses moyennes. En 1602 le
litre coûtait à Strasbourg vingt-cinq centimes,
et si nous le voyons monter jusqu'à quatre-
vingts centimes en 1628, il était retombé déjà
à vingt-trois centimes en 1631. On n'a qu'à
parcourir les chapitres consacrés par Fischart
aux plaisirs de la table, dans son adaptation
du *Gargantua* de Rabelais, et à suivre l'énumération vraiment épique des pots, brocs et
hanaps vidés par ses héros, pour comprendre combien les divinités bachiques devaient

compter de dévots dans notre ville et quelle absorption considérable de liquides s'y produisait quotidiennement dans les différents *poêles* de nos confréries d'arts et métiers. Sans compter toutes les auberges qui se disputaient une nombreuse clientèle dans les différents quartiers de Strasbourg et dont un obligeant professeur de langues, maître Daniel Martin, de Sedan, nous a laissé la nomenclature dans son *Parlement nouveau* (1660), destiné à initier les jeunes Strasbourgeois aux difficultés de la conversation française. Plusieurs de ces établissements, tels que la *Cave profonde*, le *Saumon*, la *Haute-Montée*, la *Mouche*, le *Pied de Bœuf*, la *Pomme d'or*, le *Sternenberg* et *l'Homme sauvage*, ont subsisté jusqu'à nos jours et sont, en partie du moins, encore ouverts aux consommateurs strasbourgeois.

La bière jouait déjà son rôle, bien modeste et secondaire, il est vrai, à côté des produits des vignobles d'Alsace. Pour son histoire locale nous n'avons qu'à renvoyer le lecteur aux amusantes et instructives *Etudes gambrinales*, récemment publiées par notre compatriote, M. Ferdinand Reiber. C'était surtout son extrême bon marché qui lui procurait une clientèle de petites gens, au gousset peu fourni. Si nous prenons les données de M. l'abbé Hanauer, nous voyons que le prix

du litre de bière oscilla, pendant le XVIe et
le XVIIe siècle, entre dix et onze centimes, et
qu'il ne dépassa pas quinze centimes, même
pendant les années les plus calamiteuses de la
guerre de Trente Ans. Ajoutons enfin que
l'eau-de-vie ordinaire, en tout cas meilleure
que l'affreux *pétrole* aujourd'hui débité dans
nos villes et nos campagnes, se vendait à la
même époque de 1 fr. 50 c. à 1 fr. 78 c. le
litre, et l'on devra bien avouer que les tentations étaient fréquentes et redoutables pour
les gosiers altérés de nos pauvres ancêtres.
Pendant le XVIe siècle, et surtout aux débuts
de la Réforme, le Magistrat avait fait un vi-
goureux effort pour réprimer les excès de
boisson dans ses domaines. Sur les sept ordonnances relatives à ce sujet que nous connaissons pour la période de 1510 à 1573,
quatre datent des années 1529 et suivantes, et
c'est en termes pathétiques que le stettmeister
en régence et le Conseil y adjurent « hommes
et femmes, jeunes et vieux, de fuir ce vice
détestable de l'ivrognerie, qui ruine l'âme et
le corps. » Plus tard, une certaine apathie
semble avoir empêché le renouvellement de
ces défenses, toujours les mêmes, qui repa-
raissent seulement vers les débuts de la guerre
de Trente Ans, en 1615, 1620, 1622, 1628, etc.,
indiquant clairement une recrudescence du

fléau. Le Conseil essaie d'enrayer le mal, en ordonnant de fermer tous les cabarets, brasseries, auberges et boutiques de pâtissier, dès dix heures du soir en été, dès neuf heures en hiver, sans qu'il soit permis à n'importe qui d'y prendre après ce moment du vin, de la bière ou de l'hydromel. L'aubergiste qui enfreindrait cette consigne, sera passible de cinq livres d'amende. Il est vrai qu'on faisait une exception pour les étrangers, descendus à l'hôtel, et — ce qui était plus grave — pour leurs connaissances (*hiesige bekanndte*), avec lesquelles il leur était loisible de « humer le piot » plus avant dans la soirée. Cet article a servi plus d'une fois, sans doute, d'excuse à des séances prolongées, car il devait être assez facile de trouver quelque étranger de bonne volonté, auquel on payait à boire, et qui servait de « père noble » aux buveurs intrépides, décidés à ne point se séparer au signal de la cloche du soir.

Les règlements du Magistrat punissaient également d'une amende les mauvais plaisants qui forçaient leurs camarades à boire outre mesure, en les provoquant à un tournoi bachique (*durch zutrincken*), et leur faisaient ainsi perdre la raison ou « rendre maladroitement le vin qu'ils ont consommé. » Ils ordonnaient l'arrestation de tout ivrogne, rencontré de jour ou de nuit, dans les rues de la ville et son incarcération immédiate. Un membre des Conseils, appréhendé par le guet dans une situation.... d'esprit pareille, devait être doublement puni. Ces mesures sembleront suffisamment sévères; seulement, furent elles toujours appliquées? Bien des fois, si nous en croyons certaines anecdotes de nos chroniques, tribunaux et fonctionnaires fermèrent les yeux sur certaines scènes réalistes, en s'inspirant de la morale du célèbre dicton allemand :

« Qui n'a jamais été ivre,
« Celui-là n'est pas un homme de bien. »

En feuilletant le *Mémorial* de Reisseissen, nous voyons, par exemple, des colonels et des majors de la garde urbaine échanger des soufflets, des ammeister et des membres du Grand-Conseil s'arracher les perruques et se rouer de coups, sous l'influence de libations trop souvent répétées dans des cercles d'amis ou de famille, sans qu'il en résultât rien pour eux qu'une vaine réprimande. On était sans doute moins tendre pour les péchés identiques du pauvre peuple. Mais vis-à-vis de ceux-là même, l'administration du moins, sinon la justice, montra plus tard une tolérance et une sympathie réjouissantes pour les âmes sentimentales.

Ne reconnaîtrait-on pas immédiatement la touche humanitaire du XVIII° siècle dans l'ordonnance du 13 février 1769, lors même qu'on en ignorerait la date? Le Magistrat, ne se fiant pas au proverbe qu'il y a un Dieu pour les ivrognes, y prescrit à tous les aubergistes, brasseurs, cafetiers, propriétaires de billards, etc., d'allumer une lanterne devant leur maison, à la nuit tombante, pour les six mois d'hiver, tous les jours où il n'y aura point clair de lune, afin que les voitures, circulant dans les rues, n'écrasent pas les pauvres ivrognes trop souvent étendus sur le pavé, devant ces établissements. Ces luminaires doivent faire apercevoir en outre les malheureux aux passants, afin que ceux-ci puissent les relever, les emporter, et les préserver ainsi des atteintes du froid. On ne peut guère appeler cela un règlement *contre* les ivrognes; il me semble que plus d'un, se sentant si bien protégé par la loi, a dû se livrer avec un redoublement de sécurité à sa fatale passion.

Une des causes secondaires qui contribua le plus à développer chez les Strasbourgeois du XVII° siècle le penchant pour la goinfrerie et la boisson, ce fut le service militaire auquel ils se virent astreints pendant presque toute la durée de cette époque. Ce service fut assez rude et fatigant pendant certaines périodes de la guerre de Trente Ans et du temps de Louis XIV, avant la capitulation. On tâchait de se réconforter en vidant mainte bouteille; on charmait les ennuis du corps-de-garde, les fatigues des rondes nocturnes en faisant circuler les hanaps remplis jusqu'au bord. On prenait ainsi l'habitude de la vie de cabaret; l'ordinaire du foyer domestique paraissait fade en comparaison des joyeuses *lichées* qu'on organisait entre camarades. C'est alors que se formèrent des associations de gais viveurs qui se réunissaient à tour de rôle chez l'un d'entre eux, en excluant les femmes, pour oublier au fond des verres les chagrins et les maux du temps. Walther nous raconte dans sa *Chronique* comment le Magistrat dut intervenir pour prononcer la dissolution de ces sociétés closes, précurseurs dévergondés de nos modestes *Krænzel* modernes.

L'ordonnance du 27 décembre 1647 nous a conservé également un tableau bien vivant, sinon bien récréatif, des dissipations occasionnées par la vie militaire à laquelle devaient s'astreindre les Strasbourgeois d'alors. On dirait un pendant à certaines scènes de corps-de-garde, souvent esquissées devant nous par des vétérans de la garde nationale de 1830 et de 1848, et qui nous revenaient involontairement à la mémoire en parcourant

ces feuillets jaunis qui datent d'il y a deux
siècles et demi. Ce n'était alors, paraît-il sur
les parapets de nos remparts, que festins et
pique-niques (*umbgehende Mahlzeiten, so sie
den Kolben nennen*), aussi somptueux que
possible, alors que chacun aurait dû se contenter de la modeste pitance apportée de chez
lui par une épouse craintive ou quelque ma-
ritorne affairée. On les arrosait de tant de vin
que plusieurs de ces dignes défenseurs de la
cité en perdaient l'esprit et se mettaient à
décharger leurs mousquets, soit dans la campagne, soit même vers l'intérieur de la ville.
D'autres, se débarrassant de leurs armes,
épées et bandoulières à cartouches, grave insulte à « la virilité germanique que chacun
doit montrer aux remparts », allaient faire la
causotte avec les dames venues pour saluer
leurs époux, ou même avec les bonnes envoyées pour prendre les ordres de monsieur.
D'autres encore descendaient dans les fossés
et s'en allaient ravager les vignes voisines ou
piller les vergers des bons bourgeois, leurs
confrères. D'autres enfin s'amusaient à dépla-
cer l'artillerie des remparts, emportaient çà
et là les fauconneaux et les bombardes, afin
de les essayer plus commodément en guise
de joujoux! Les amendes de cinq, dix et
trente livres, prononcées par l'ordonnance en

question, étaient assurément méritées, mais
suffirent-elles à réprimer les penchants bachiques des soldats-citoyens de 1647 et à leur
inculquer la discipline indispensable? J'en
doute un peu, quand je vois, une série d'années plus tard, en 1664, le capitaine Jean
Krengel se plaindre de la conduite de ses
hommes au Conseil des XIII, et lui raconter
naïvement à cette occasion que le poste, ayant
pris les armes en voyant venir de loin un officier, les a déposées bien vite en s'apercevant
que c'était seulement le capitaine!

Un autre vice développé par cette existence
oisive et monotone des corps-de-garde, c'est
la passion du jeu. Les bourgeois y perdaient
parfois en une seule soirée le gain de la semaine entière. C'est l'ordonnance de 1647 qui
nous révèle encore ce détail. Mais, bien longtemps auparavant, le Magistrat avait tâché,
par de nombreuses défenses, d'enrayer la tendance, si profondément ancrée dans la nature
humaine, de s'enrichir sans labour par le bien
d'autrui, en se fiant aux caprices de la fortune
ou bien même en corrigeant ses injustices.
Les jeux de hasard étaient défendus à Strasbourg dès le XVe siècle, en tant du moins
qu'on les jouait pour gagner de l'argent. C'est
ainsi que l'une de nos chroniques nous rapporte qu'en 1467 l'aubergiste du *Bélier* fut

mis au pilori avec deux de ses clients, pour avoir permis qu'ils maniassent des cartes dans la soirée du Jeudi-Saint. Quelques années plus tard, un tisserand de Weyersheim, nommé Mathis, fut également exposé pour avoir joué aux dés, puis chassé du territoire, à coups de verges, par les soins du bourreau. La grande ordonnance de 1529 alla jusqu'à défendre absolument tout jeu quelconque aux habitants des campagnes, sauf pourtant l'inoffensif jeu de quilles. On leur permit même de hasarder *un pfennig* pour le gain de la partie! Pour la population urbaine, certains jeux étaient permis (le règlement ne dit pas bien clairement lesquels), pourvu que l'enjeu de la partie ne dépassât point deux pfennigs. On était loin, comme on voit, du whist à un louis la fiche, que nos clubistes élégants considèrent encore comme une mise ridiculement bourgeoise!

L'ordonnance de 1628 contient également tout un chapitre intitulé *Spielordnung*, mais il est rempli surtout par des réflexions morales, fort salutaires assurément, sur les dangers du jeu et les crimes auquel il conduit fatalement ceux qui s'y abandonnent. L'État, qui défend les jeux de hasard aux particuliers, s'y réserve d'ailleurs l'établissement de loteries publiques (*Glückshafen*), très en vogue auprès du public strasbourgeois d'alors, comme elles

le sont encore de nos jours. Nous voyons par
ces textes qu'il y avait alors des joueurs assez
passionnés pour dépenser en une soirée cinquante ou même cent écus au brelan, somme
considérable pour un bourgeois du XVII° siècle, et qu'il se trouvait parmi eux des fonctionnaires publics se dérobant à leurs travaux
officiels pour commencer, une heure plus tôt,
à secouer les dés ou à battre les cartes. Les
joueurs récalcitrants devaient être conduits
en prison et tous leurs gains confisqués. Exception bizarre! Le Magistrat, qui montrait
tant de sollicitude pour ses propres sujets,
permettait aux seigneurs étrangers comme aux
marchands du dehors, venus pour les foires
annuelles, de jouer entre eux à tels jeux et
pour telles sommes qu'il leur plairait. Il n'entendait pas effaroucher les nobles visiteurs de
la cité, en leur défendant ces distractions à
la mode, et sa morale rigide faiblissait en présence de la diminution de recettes qu'une in-
terdiction pareille aurait amené sans doute
pour les particuliers et les revenus de la république.

VIII.

S'il est une réputation que Strasbourg
mérita au XVI° et au XVII° siècle et qu'elle
tient à honneur de mériter encore aujourd'hui,

c'est celle d'être une cité charitable, où les pauvres et les malheureux, de quelque côté qu'ils vinssent, étaient abondamment secourus. A chacune des grandes disettes qui se produisent à intervalles si rapprochés, à cette époque, ce ne sont pas quelques nécessiteux seulement, ce sont des caravanes entières qui se dirigent vers la ville hospitalière, pour y quémander de quoi subvenir à leur existence. Nos chroniques nous ont conservé une série de données statistiques, recueillies en ces temps par les administrateurs de nos établissements de bienfaisance. Nous n'en citerons ici que quelques exemples. Durant l'année 1581, 99,748 malheureux furent successivement nourris à l'*Ellendherberg* ou « auberge des pauvres »; sur ce nombre, 8978 étaient venus de la Lorraine française. En 1586 le chiffre total des indigents secourus est de 41,038; il remonte à 58,361, l'année suivante, alors que l'Alsace est ravagée par les lansquenets allemands, conduits au roi de Navarre. On en compte en plus 73,088 autres, mendiants valides ceux là, qu'on nourrit à l'établissement dit le *Neues Almosen* (ce qui deviendra plus tard le *Schellenwerk* ou dépôt de mendicité), en les faisant travailler aux fortifications de la ville, pour rembourser, en quelque sorte, leurs frais d'entretien. En 1603, en pleine paix, Strasbourg abrite 7906 visiteurs à l'*Ellendherberg*, et 29,659 vagabonds sont enrégimentés aux travaux publics. En 1604 le nombre de ceux qu'on occupe de la sorte est encore de 29,629. Il baisse un peu pendant les années suivantes, les vagabonds et les mendiants de profession fuyant une localité où la charité ne s'exerçait gratuitement qu'envers les faibles et les malades et ne se souciant pas de travailler au *Schellenwerk*, sous l'œil vigilant des surveillants municipaux. Par contre, le chiffre des fugitifs misérables atteint de nouveau 16,843 à l'*Ellendherberg*, en 1610, alors que la guerre sévit en Alsace, et à la veille de la guerre de Trente Ans, en 1617, les registres de ce Bureau de bienfaisance d'autrefois mentionnent un total de 18,993 visiteurs.

Quand on songe au nombre relativement restreint des habitants de Strasbourg à l'époque dont nous parlons, on ne s'étonnera pas que la question de la mendicité ait été pour eux une question d'actualité toujours brûlante. Les *Bettelordnungen* tiennent un rang considérable dans la série des ordonnances du Magistrat, et leur fréquence même, les modifications répétées qu'elles subissent, indiquent le peu de résultats qu'elles obtenaient dans la pratique.

Au début du XVIᵉ siècle, le gouvernement

avait essayé d'une prohibition radicale; l'é-
dit de 1523 portait qu'à partir de la Saint-
Michel aucun mendiant ne pourrait plus se
montrer dans les rues. Des troncs seraient
déposés dans les églises et chaque semaine
leur contenu serait partagé d'une manière
équitable, à domicile, aux personnes vraiment nécessiteuses. Les seuls élèves de l'Ecole
des Guillemites étaient autorisés à circuler,
comme par le passé, les mardi, jeudi et
samedi, pour chanter devant les maisons et
faire la collecte qui subvenait à leurs besoins.

Il faut croire que la police ne fut pas assez
vigilante ou les mendiants trop rusés, ou les
bourgeois trop peu généreux dans leurs offrandes ecclésiastiques, car on abandonna bientôt ce système radical et la mendicité s'étala
de plus belle dans nos rues, avec ses plaies
véritables ou fictives, avec ses récits émou-
vants, qui trop souvent n'étaient que d'effrontés mensonges. L'ordonnance de 1575, renou-
velée en 1615, marquait bien les dangers
d'une exploitation pareille de la miséricorde
publique. Aussi défendait-elle de rien donner
directement aux pauvres et les bourgeois devaient renvoyer tous les mendiants aux bu-
reaux de Saint-Marc. On examinerait là-bas
leurs besoins, accordant des secours aux
faibles et aux malades et tâchant de procurer

de l'ouvrage aux gens valides chez les particuliers; ou bien encore, on les expédierait au
Schellenwerk, pour les y faire travailler à leur
corps défendant. C'était un système appro-
chant, on le voit, des affiches jaunes distri-
buées naguère par notre Bureau de bienfaisance, et qui ne semble pas, malheureusement,
avoir eu plus d'efficacité en ces temps-là que
de nos jours. Un autre paragraphe du règlement ordonnait que tous ceux qui hanteraient
les auberges, les cabarets, etc., fussent exclus
de la distribution des aumônes. Les pauvres
ne devaient pas non plus posséder de porcs
ni de chiens, dont l'entretien retombait en
définitive à la charge du public. Comment
contrôler cependant la conduite de ces pauvres honteux et.... autres, comment signaler
leur présence dans les lieux publics? L'ordonnance de 1628 essaya de le faire en forçant
les patronés de l'assistance publique à porter
une espèce de brassard (*spang*) qui permettait de les reconnaître de loin. Ceux ou celles
qui essayeraient de se soustraire à pareille
obligation ou cacheraient entre temps cet in-
signe de pauvreté étaient rayés des registres
de Saint-Marc ou des *tribus*, dont les échevins étaient chargés de dresser et de réviser
la liste des assistés. Chacun de ceux-ci courait
risque de perdre lui-même sa chétive pitance

s'il ne dénonçait pas aux inspecteurs des pauvres les contraventions de ses collègues en mendicité.

Les fonds de Saint-Marc et de l'*Ellendherberg* ne suffisaient pas cependant à l'entretien de pauvres aussi nombreux. Un certain soulagement était procuré sans doute par les distributions en nature qui se faisaient encore (même au XVIIᵉ siècle) à la porte de certains couvents catholiques, à celui des Repenties, à Sainte-Marie-Madeleine, à Saint-Jean, Saint-Pierre-le-Vieux et Saint-Pierre-le-Jeune, à la commanderie de l'Ordre teutonique, etc. Mais ces distributions s'adressaient sans doute de préférence aux mendiants catholiques, venus du dehors, et non pas à la population misérable de la ville même, exclusivement protestante depuis le milieu du XVIᵉ siècle. Il fallait donc avoir recours à d'autres moyens pour couvrir les dépenses nécessitées par tant de bouches affamées, tout en combattant la mendicité publique. Une mesure utile, prise par le Magistrat dès 1575, fut de faire circuler chaque semaine des paniers peints en noir et des troncs portatifs (*buechssen und schwartze kœrb*), afin de recueillir à domicile les offrandes volontaires des bourgeois aisés, soit en argent, soit en nature. C'est là sans doute l'origine de ces boîtes noires en fer-blanc que

les employés du Bureau de bienfaisance venaient présenter dans nos maisons il y a peu
d'années encore, et le *schwarzer korb* aurait
donc vécu un peu plus de trois siècles. En
échange de ces prestations charitables, l'autorité s'engageait moralement à protéger ses
sujets contre les importunités des mendiants
domiciliés en ville, comme aussi de ceux du
dehors. Elle ne parvenait pas cependant à tenir ses promesses, sans doute à cause de la
pénurie des fonds. L'ordonnance de 1628 nous
apprend que certaines personnes, ou malades
ou trop chargées d'enfants, et ne pouvant par
suite se sustenter avec les secours ordinaires,
ont la permission de circuler le mardi et le
samedi, de midi à 5 heures du soir, avec un
certificat émanant du bureau de Saint-Marc, et
d'entrer dans les maisons pour y solliciter des
secours de toute espèce. C'était rouvrir à
demi une porte qu'on promettait bien haut de
tenir fermée.

Un des moments où l'attaque contre la
bourse du prochain se dessinait, paraît-il,
avec le plus d'insistance, c'était lors des enterrements, enterrements de gens riches s'entend. Les agents de la police avaient beau
surveiller les rues, la foule des mendiants
s'attroupait au dehors de la porte Blanche ou
de la porte de Pierres, ou bien encore elle

entourait la fosse creusée au cimetière, et ses
piteuses doléances, ses larmes, vraies ou
simulées, trouvaient facilement le chemin du
cœur ou de l'escarcelle des parents émus,
des héritiers satisfaits, des vaniteux, flattés
qu'on assistât à leurs largesses. Le Magistrat
a beau fulminer contre cet abus ; il est obligé
d'en reparler sans cesse, nous prouvant ainsi
son impuissance à le déraciner.

Il n'était guère plus heureux vis-à vis des
mendiants étrangers. Sans doute des ordres
sévères étaient donnés pour repousser aux
portes les vagabonds de profession. Mais
comment les reconnaître toujours? Il était
permis d'ailleurs aux compagnons des métiers
de pénétrer en ville pour s'informer s'ils n'y
trouveraient point d'ouvrage. On peut bien
penser qu'ils fournissaient, au temps de la
guerre de Trente Ans, comme aujourd'hui,
leur contingent de pires vauriens à la grande
armée des misérables. Il y avait une autre
ca'égorie de visiteurs dangereux que signale
déjà l'ordonnance de 1628 et dont les années
suivantes virent certainement augmenter le
nombre : c'étaient les étudiants pauvres ou en
rupture d'études, qui n'avaient plus guère
d'accointances avec les Muses ou Minerve,
mais roulaient d'une ville universitaire à
l'autre, exploitant en chemin, avec une égale

bienveillance, les curés et les pasteurs, ne
dédaignant pas les oies et les poules du
paysan, cueillies aux détours des grandes
routes, et finissant d'ordinaire dans quelque
hôpital ou sous les drapeaux d'un chef quelconque dont les recruteurs les rencontraient
en une heure de détresse. Tous ces gens-là
pénétraient avec une superbe assurance dans
l'enceinte de notre bonne ville ; une fois de-
dans, chacun essayait d'exploiter à qui mieux
mieux ses semblables, les uns cherchant un
gîte aux poêles d'arts et métiers, les autres
exhibant leur mauvais latin et leurs superla-
tifs élogieux dans les cercles académiques.

Les plus à plaindre, à coup sûr, les plus
vraiment malheureux de tous les éclopés de
la fortune, qui venaient ainsi heurter aux
portes de Strasbourg, c'étaient ces malheureux paysans, sujets de la ville ou de l'évêque,
qui fuyaient les tourments de la famine ou
les cruautés sans nom des soudards féroces
qui se déversaient, à intervalles rapprochés,
sur les plaines fertiles d'Alsace. Quand il se
produisait une de ces invasions partielles de
la vallée rhénane, comme il y en eut tant de
1550 à 1690, la population rurale, sachant ce
qui l'attendait dans ses foyers, abandonnait
bien souvent ses misérables chaumières et son
pauvre avoir pour chercher un abri derrière

les murs de quelque cité voisine. Que de fois
n'y eut-il pas des exodes pareils dans les environs de Strasbourg ! Il en venait même de
loin, car le peintre J. J. Walther nous raconte
dans sa *Chronique* qu'en 1635 il y avait des
milliers de malheureux gisant, la nuit, dans
les rues de la ville et empêchant les bourgeois
de dormir, par leurs cris et leurs gémisse-
ments ; et il ajoute : « Ils étaient venus de tous
les coins de l'Allemagne. » Les règlements
relatifs à la mendicité n'étaient guère appli-
cables à des cas pareils, et nos magistrats,
humains et compatissants, déclaraient eux-
mêmes qu'en pareille occurence il fallait venir en aide, par tous les moyens possibles,
au « pauvre Lazare ».

Raison de plus pour être sévère contre ceux
qui, spéculant sur la miséricorde publique,
tâchaient d'exploiter nos ancêtres et volaient
ainsi l'argent, dont d'autres, plus misérables,
auraient eu cent fois plus besoin qu'eux-
mêmes. Quelquefois ces escrocs ne reculaient
point devant une mendicité plus audacieuse
encore. C'est ainsi que Walther nous rapporte, à l'année 1668, qu'il vint à Strasbourg
un collecteur se disant chargé par le duc
Eberhard de Wurtemberg de solliciter des
dons pour les habitants de Weinsberg, dont
la ville était devenue la proie des flammes.

Il fit chez nous de bonnes affaires et s'apprê-
tait à repartir quand on s'aperçut que ses
papiers avaient été forgés par lui-même et
que la quête avait été faite uniquement à son
profit. Il fut mis au pilori, puis attaché à la
charrette du bourreau et conduit ainsi par la
ville, pendant que les valets de l'exécuteur
des hautes-œuvres le frappaient de verges à
coups redoublés. Ce spectacle attira beaucoup de curieux, au dire du chroniqueur,
car c'était la première fois qu'un châtiment
pareil était infligé par ordre de la justice strasbourgeoise.

Mais nous ne voudrions point clore ce paragraphe relatif à la mendicité d'autrefois, sur
un aussi lugubre tableau. Heureusement nous
avons retrouvé dans une des ordonnances du
Magistrat la trace d'une exploitation plus naïve
et plus inoffensive à la fois de la charité publique, et nous la mentionnerons en passant,
bien qu'elle appartienne déjà au XVIIIe siècle.
C'est en effet un amusant tableau de mœurs,
dans le genre flamand, que nous laisse entrevoir le règlement de 1738, relatif à l'éducation des enfants. Les filles des classes infé-
rieures n'apprenaient pas alors, paraît-il, la
couture et le tricot dans les écoles publiques.
Mais il existait de nombreuses maîtresses-
couturières et maîtresses-tricoteuses, chez

lesquelles la jeunesse féminine allait s'initier
aux arcanes de ces sciences, si nécessaires
parfois au foyer domestique. Ces respectables
matrones ne demeuraient pas, on s'en doute,
dans de somptueux palais ; il advenait donc
que, par les chaudes journées d'été, l'école de
couture tout entière quittait l'étroite cham-
brée pour s'installer bravement, non pas sur
le trottoir — il n'y en avait point encore —
mais sur le seuil de la maison. On continuait
à coudre, je veux bien le croire, mais en
même temps les langues remuantes de cette
jeunesse rieuse s'en prenaient aux passants
pour les poursuivre de sarcasmes et même de
quo'ibets peu décents, au dire de Messieurs
du Magistrat. Mais ce dont il est surtout scan-
dalisé, c'est que bon nombre de ces élèves,
— étaient-ce de grands enfants ou déjà de
petites demoiselles ? — quittaient leur travail
pour courir après les gens traversant la rue
et pour leur présenter leur tire-lire, en les
invitant à la remplir. C'était une mendicité
que les anciens règlements n'avaient point
prévue. Peut-être aurait-on pu fermer l'œil
et ne pas troubler la joie des jeunes quéman-
deuses ; mais les pères de la cité, rigides ob-
servateurs de la décence et des bonnes mœurs,
trouvèrent une hardiesse pareille bien effrontée et bien blâmable. Les directrices de ces

ateliers de couture furent donc averties qu'une
première infraction à la défense absolue de
pareilles collectes serait punie d'une amende
de trois livres, doublée en cas de récidive, et
qu'au cas où ces punitions n'empêcheraient
pas une troisième désobéissance de leurs élèves, on leur retirerait le droit d'en avoir à
l'avenir chez elles. Ces menaces suffirent sans
doute à intimider les jeunes tricoteuses, car
on n'entend plus parler de ces collectes publiques dans les règlements postérieurs. Les
tire-lires enfantines furent réduites de nouveau aux contributions des parents, des on-
cles, parrains et marraines, sans que nous
puissions sans doute apprendre jamais combien leurs malheureuses propriétaires ont
perdu à ne plus pouvoir importuner le public
masculin circulant dans la cité.

IX.

On peut mendier sans cesser d'être honnête;
on peut même légèrement exagérer le tableau
de sa misère sans se croire un bien grand
coupable. Mais il est difficile de concevoir
des consciences assez accommodantes pour
frauder le prochain d'une façon systématique,
tout en se décernant des certificats de bonne
conduite et de la plus sévère vertu. C'est ici

la frontière tracée par le Code pénal, et si des
hommes, plus habiles que scrupuleux, par-
viennent à la franchir parfois sans détriment
pour leur réputation, ils n'ignorent pas, dans
leur for intérieur, qu'ils vendent leur conscience pour quelques pièces d'or ou pour
une poignée de gros sous. Il paraît pourtant
que ces cas se présentent, si nous en croyons
la chronique judiciaire, et les laboratoires de
chimie créés partout par les gouvernements
ou les municipalités pour empêcher, dans
une certaine mesure, l'empoisonnement du
public. Oh, le bon vieux temps, soupirent
quelques âmes naïves, où de pareilles fraudes
n'étaient point connues! Hélas, bonnes gens,
on fraudait au XVIe siècle comme au XIXe.
Sans doute, les belles découvertes de la
science moderne n'avaient point encore permis ces transformations merveilleuses signalées par les *Offices de santé* actuels. Il ne se
fabriquait pas alors du café torréfié, artiste-
ment composé de terre glaise et de poussière
de graines gâtées; on ne changeait pas le
plâtre en sucre, ni la sciure de bois en poivre,
ni le feutre ou le drap en truffes plus ou
moins succulentes. On n'allait pas recueillir
les algues marines du Japon pour en faire
d'excellentes confitures de groseilles, et la police berlinoise n'avait pas à faire vider en un

jour, à l'égout, vingt mille bouteilles de vin, dans lesquelles les chimistes-experts n'avaient pu constater la présence de la moindre goutte-lette du jus de la treille. On se contentait, avec une naïveté qui ferait bien rire certains marchands de vin contemporains, d'ajouter à la récolte du vignoble le produit de la pompe voisine, mais enfin l'on fraudait, « dans la mesure des faibles lumières que le Seigneur m'a données », comme disait je ne sais plus quel cafard, traîné sur les bancs de la police correctionnelle.

C'est cette fraude-là qui devait tout naturel-lement se produire le plus souvent dans un pays de vignobles comme le nôtre et dans une ville dont le commerce des vins formait une des ressources principales. Dès les temps les plus reculés nous en rencontrons des preuves affligeantes, et les punitions inscrites dans nos vieux statuts prouvent également combien le Magistrat avait à cœur de châtier des trompe-ries pareilles. Ainsi l'un des fragments du *Heimlich Buch*, conservés par M. Hegel, nous apprend que Eberlin, le tailleur demeurant près de Saint-Pierre-le-Vieux, fut condamné en 1335 au bannissement perpétuel et à être noyé dans l'Ill au cas qu'il revînt jamais à Strasbourg, pour avoir mélangé du bon vin avec du mauvais, et avoir négligé d'en payer

7

l'*ungelt* ou octroi municipal. Dans la même
année, une punition semblable frappe un tonnelier, Liebnig, de Selz, demeurant près du
Langen Keller, pour avoir mis de l'eau dans
son vin. Il est vrai qu'il est convaincu en même
temps d'avoir en différentes localités jusqu'à
dix épouses; mais ce dernier crime, bien plus
grave au point de vue moral, n'apparaît qu'au
second rang dans le libellé de son jugement.
Trois siècles plus tard, la tradition de ces
« baptêmes » forcés se conservait à Strasbourg,
malgré toutes les répressions du monde. Nous
en avons la preuve dans le *Parlement Nouveau* de Daniel Martin, dont les dialogues
sont une illustration si fidèle et si naïve des
mœurs strasbourgeoises au XVIIe siècle. Il fait
expliquer quelque part par l'un de ses inter-
locuteurs pourquoi l'on appelle dans notre
ville *Mærcktwein*, le vin de petite qualité.
« Un bon homme étant entré, dit-il, en la maison d'un marchand de vin, et ne trouvant au
poêle que sa fillette, lui demanda où était son
père. La fille ayant répondu qu'il était en la
cave et faisait du *vin de marché*, cet homme
voulait savoir comment il faisait. La pauvre
simplette et innocente, ne pensant à aucune
méchanceté, répondit qu'il versait une cuvel-
lée d'eau dans chaque tonneau avec un grand
entonnoir de bois à la mode du pays. »

Ce n'était point là un cas exceptionnel, car, dans le même chapitre du livre, nous trouvons encore l'anecdote suivante, qui nous montre les gens de la campagne aussi peu honnêtes que ceux de la ville. « Sur ce sujet, dit l'un des personnages figurant dans le dialogue, il me prend envie de vous raconter un plaisant tour qui fut, il y a quelques années, joué par un régent de notre Gymnase à un tel gâte-vin. Ce régent, dont je sais très bien le nom, s'en alla un vendredi (qui est le jour du marché) sur la place des Cordeliers, où, ayant goûté le vin d'un tonneau qui tenait environ six ou sept mesures, qu'on appelle Ohmes, il dit au paysan, pour lui tirer les vers du nez : Ecoutez, mon ami, je tiens de petits pensionnaires qu'on envoie ici pour étudier. Or j'ai ordre de leurs parents de leur donner du vin à table pour ne pas trop refroidir leurs estomacs en buvant de l'eau toute simple, mais ils veulent qu'il soit détrempé d'eau, de peur qu'il ne leur enflamme le foie et que la fumée, leur montant à la tête, ne les rende mal disposés à l'étude. Voilà pourquoi je verse toujours quelque partie d'eau dans le vin que j'achète, s'il n'y en a point encore. Or, pour cause d'un défaut de goût, je ne puis pas bien tâter le vin et suis un pauvre gourmet. Dites-moi, je vous prie, combien vous avez versé d'eau dans ce tonneau, de peur que je ne le gâte tout à fait, en y mettant davantage. Dites franchement, je vous promets de prendre votre vin au prix que vous avez dit. — Le lourdeau, ému par ces belles paroles, confessa qu'il en avait versé une mesure. — Hé bien, dit le régent, il n'importe; vous m'avez relevé de la peine de le faire; donnez-moi votre marque que je l'acquitte de la gabelle. Le brouille-vin la tire de sa poche, la lui donne, on mène le vin devant la maison de l'acheteur, les encaveurs déchargent le tonneau avec un poulain, le dévallent en la cave avec des cordes et le mettent sur les chantiers. Mais la diantre fut bien aux vaches lorsqu'il fallut venir au payement, car ledit régent ne voulant pas payer une caque d'eau pour une caque de vin, comme de raison, le trompeur qui avait été trompé, parlait des grosses dents, sacramentait, maudissait, diablessait. Mais le fin et rusé fouette cul (pardon de l'expression, mais il faut respecter les textes!) l'ayant menacé de l'ammeister et d'une grande amende, s'il le contraignait de s'en aller faire des plaintes à la justice, mon pied gris s'en alla, écumant, bouffant de colère, grinçant les dents, rongeant son frein, honteux et camus comme un fol tondu ou un fondeur de cloches, pour s'être si aisément laisser passer la plume

par le bec et se voir dupé par un qu'il prenait
pour dupe. »

D'autres marchands de vin ne falsifiaient
pas peut-être les breuvages qu'ils vendaient,
mais ils tâchaient de les introduire sans payer
l'*ungelt* et faisaient ainsi grand tort aux
finances de l'Etat. Naturellement ils pouvaient
donner leur marchandise à bon marché aux
clients et créaient de la sorte une concurrence
ruineuse à leurs rivaux plus honnêtes. D'autres encore, plus audacieux, ouvraient clandestinement un cabaret borgne et favorisaient
impunément l'ivrognerie des basses classes,
puisque la police ne pouvait aller surveiller
leurs locaux. L'ordonnance du 17 juillet 1637,
après avoir constaté que les punitions em-
ployées jusqu'ici à leur égard, n'avaient point
servi à grand'chose, déclarait qu'on confis-
querait dorénavant tous les vins introduits en
fraude ou débités sans permission, et que les
fraudeurs seraient mis aux ceps (*an den Stock*)
sur la place des Cordeliers, un tonnelet vide
au col. En cas de récidive, les coupables seraient exposés au pilori, le cou retenu dans
un anneau de fer, puis frappés de verges et
même expulsés de la ville.

Les substances alimentaires n'étaient pas
moins exposées que le vin à certaines mani-
pulations, destinées à tromper les clients. C'est

ainsi que l'ordonnance du 4 décembre 1665 constatait l'habitude prise par certains épiciers et marchands de comestibles de remettre au tonneau les harengs non vendus pendant le carême, puis de les exhiber de nouveau, après les avoir recouvert d'un vernis trompeur au moment où se fait l'arrivage des harengs frais (*zirckelhæring*), et de les vendre alors pour marchandise nouvelle. D'autres, poussant plus loin *l'habileté* commerciale, achetaient chez leurs confrères les harengs avariés au plus bas prix, les vernissaient à neuf, puis allaient les déclarer au *Kaufhaus*, c'est-à-dire à la Douane d'alors, payaient les droits d'usage et se trouvaient de la sorte couverts par un certificat d'origine officiel, subtilisé aux employés de la ville. Le Magistrat déclare que le négociant coupable d'une fraude pareille payera dorénavant une amende de cent livres pfennig. La viande de boucherie elle-même n'était pas à l'abri de spéculations dangereuses pour la santé publique. C'est ainsi qu'Osée Schad nous raconte dans sa Chronique, qu'en 1613 un boucher d'Eckbolsheim et sa femme furent mis au pilori pour avoir débité en ville la viande d'une vache crevée, et que leurs deux garçons bouchers furent mis au *Schellenwerk* pour avoir coopéré à cette belle besogne.

Une ordonnance du Magistrat, datée du 25 juin 1625, nous permet de mentionner également un autre genre de fraudes qui se rattachait aux articles de luxe. Il paraît que certains orfèvres étrangers — l'arrête mentionne spécialement ceux de Nuremberg et d'Augsbourg — fabriquaient des objets en argent bien au-dessous du titre légal, et les mettaient en vente dans leurs boutiques, lors des grandes foires annuelles, au même prix que si leur valeur avait été égale à celle des marchandises strasbourgeoises analogues. Le Magistrat prononce la confiscation de cette orfèvrerie de bas-aloi.

Une des fraudes les plus fréquemment exercées alors, au détriment des finances publiques et des commerçants qui obéissaient aux lois, c'était l'introduction clandestine de marchandises non déclarées et le recel d'objets volés au dehors. Les guerres incessantes qui ravagèrent l'Alsace pendant la plus grande partie du XVIe et du XVIIe siècle, facilitèrent naturellement toutes les tentatives de ce genre. Des masses de mercenaires passaient sous les murs de Strasbourg, ou bien même obtenaient la permission de pénétrer dans la ville pour y faire des achats, et il n'était pas toujours possible d'en surveiller les issues au point d'empêcher l'introduction d'une part de leur butin

plus ou moins légitime. Cette négligence peut
étonner nos lecteurs habitués à la surveillance minutieuse exercée dans une place de
guerre moderne, mais il faut bien qu'elle ait
été grande, puisque les chroniques nous ra-
content qu'en 1587, par exemple, les femmes
des lansquenets allemands, campant dans la
plaine, pénétraient la nuit jusque dans la
Krutenau, pour y traire les vaches des paysans réfugiés derrière nos murs. Souvent
aussi les brocanteurs sortaient pour acheter à
vil prix les marchandises volées sur le grand
chemin par les soudards ou les blés enlevés
par eux dans les granges des villageois, et
se chargeaient de les faire entrer en ville, à
leurs risques et périls. Ils n'étaient pas toujours heureux; c'est ainsi qu'en juillet 1587
un individu, nommé Samuel Engelmann, est
accusé devant l'ammeister pour avoir acheté
des céréales volées de la sorte. Une autre
fois ce dignitaire, averti par un dénonciateur,
fait saisir dans l'écurie de l'Hôtel de la Fleur,
vis-à-vis de la Douane, deux tonnes immenses, bourrées d'objets divers, pillés à la campagne, et remisés en cet endroit pour être
écoulés à loisir. De nombreuses ordonnances
— celle du 20 juin 1612, celle du 6 décembre
1620, etc. — édictent une amende de cent
livres pour tous ceux qui recèleront des mar-

chandises ou en mettront en vente sans qu'elles aient passé par le *Kaufhaus*.

L'ordonnance de 1628 alla jusqu'à promettre un sixième de l'amende aux délateurs, afin de combattre avec plus d'efficacité ces pratiques frauduleuses. Dès cette époque ce sont principalement les Juifs qui s'entremettent dans ces brocantages illicites. Bien qu'ils ne pussent officiellement pénétrer en ville que pour s'occuper du commerce des blés et du maquignonnage, ils tâchaient cependant d'arrondir leur bénéfice en trafiquant, par la même occasion, de tous les objets dont le petit volume, joint à leur valeur intrinsèque, permettait d'espérer un prompt débarras. Aussi l'ordonnance de 1639 ordonnait de les examiner à fond lorsqu'il s'en présentait aux portes de la ville, et de ne les laisser circuler dans les rues que sous la surveillance d'un gardien des portes ou d'un varlet municipal, qui devait les accompagner dans toutes leurs courses et assister à tous leurs entretiens jusqu'au moment où ils sortiraient de Strasbourg. Ce qui choquait les âmes pieuses de ce temps, c'est que les Juifs achetaient de préférence aux soldats les vases, ciboires, etc., volés dans les églises, et venaient revendre ces objets sacrés aux orfèvres de notre ville, naturellement après avoir dénaturé la merchan-

dise, car ils auraient été arrêtés et punis
comme sacrilèges, si on les avait trouvé nan-
tis des calices ou des patènes destinés au
culte.

Enfin la fraude s'attaquait aussi parfois à la
propriété territoriale; du moins nous en trouvons un exemple dans un recueil de décisions
judiciaires; c'est un arrêt de bannissement,
prononcé en 1520 contre Jacques, fils de Frédéric Weber, pour avoir clandestinement dé-
placé une pierre d'abornement dans la banlieue de Strasbourg Avant d'être chassé de la
ville, le coupable devra rester exposé pendant
plusieurs heures au pilori. Croira-t-on qu'en
1467 une punition identique avait été décré-
tée contre deux garçons boulangers pour le
seul motif qu'ils avaient tenté de détourner
la pratique d'une boulangerie voisine? C'était
payer fort cher leur zèle à faire l'article, et,
de nos jours encore, on pourrait enfermer et
bannir bien des gens, parfaitement honnêtes,
à Strasbourg, s'il suffisait, pour mériter une
telle peine, de vanter sa propre marchandise
et de déprécier celle d'autrui.

X.

Parmi les fraudes les plus nuisibles à la
sécurité du commerce au temps jadis, nous

n'avons pas mentionné jusqu'ici celle que le
Magistrat de Strasbourg dut combattre le plus
souvent peut-être, dans ses ordonnances, et
qui s'attaquait à la marchandise par excellence, à l'argent. Nous voulons parler de toutes les contrefaçons, de toutes les altérations
criminelles qu'avait à subir l'argent monnayé
au XVIe et au XVIIe siècle, telles qu'alliages
impurs, rognements répétés, etc., sans compter la fabrication directe de la fausse monnaie. Ce crime est relativement rare de nos
jours, malgré tous les progrès des sciences
chimiques et naturelles, puisque les Etats modernes ont porté la frappe de leurs pièces
d'or et d'argent, comme aussi de leur monnaie de billon, à un degré de perfection qu'un
faux-monnayeur ne saurait généralement se
flatter d'atteindre, s'il veut travailler d'une
façon lucrative, c'est-à-dire produire une quantité plus considérable de pièces trompeuses.
Il est de plus assez difficile aujourd'hui de
placer de la fausse monnaie, même dans les
campagnes, l'habitude de manier le numéraire ayant instruit les plus ignorants, et l'é-
cole primaire ayant fait pénétrer partout certaines notions élémentaires sur le poids, l'aspect et la composition des espèces nationales.
Il en était tout autrement au moyen âge et
même aux siècles dont nous parlons ici. Les

paysans avaient rarement de l'argent monnayé dans leurs poches, et comme la frappe
de la plupart des monnaies divisionnaires était
encore peu soignée, ils devaient être généralement incapables de distinguer les pièces
fausses des pièces authentiques. C'est ce que
reconnait, par exemple, expressément l'ordonnance du 29 décembre 1619, qui prohibe
absolument certaines espèces, afin de protéger le pauvre peuple (*den einfältigen armen
Mann*), les femmes du peuple, etc (*das
Weiber- und Bawrs Volck*) contre les suites
de leur ignorance Cette difficulté d'orientation
s'augmentait énormément par suite du nombre considérable des Etats grands et petits du
Saint-Empire romain qui jouissaient du privi-
lège de battre monnaie et qui en usaient lar-
gement, pour des motifs qui n'étaient pas
toujours honnêtes. Aussi la masse des thalers,
des florins, des *batz* et des *kreutzer* en circulation dans notre voisinage présentait-elle
des centaines d'effigies et de marques différentes. Aux monnaies allemandes venaient
s'ajouter (nos ordonnances en font foi) une
foule de pièces étrangères, *rappen* suisses,
blancs de Lorraine, *couronnes* de France, *dou-
blons* d'Espagne et *ducatons* d'Italie. Comment un bon bourgeois se serait-il retrouvé
dans ce dédale numismatique, alors que les

changeurs eux-mêmes devaient parfois s'y
tromper? Mais ce n'était là, somme toute,
qu'un inconvénient minime. Le malheur et le
danger, c'était que, trop souvent, cette monnaie étrangère était falsifiée, soit par les gouvernements eux-mêmes, à court d'argent, qui
tâchaient de se créer des ressources en frappant leurs pièces au-dessous du titre légal
fixé par les conventions monétaires, soit par
des particuliers sans scrupule. Quand on voit,
dans nos collections publiques ou privées,
l'état de bien des pièces provenant, par exemple, de l'époque de la guerre de Trente Ans,
on ne s'étonne pas trop qu'elles aient pu être
facilement imitées, tant la frappe en est gros-
sière et le métal mauvais.

Aussi le Magistrat strasbourgeois veillait-
il avec une sollicitude toute particulière sur
la bonne réputation de la monnaie de notre
ville et la sécurité de son trafic, en y prohi-
bant l'introduction de pièces de bas aloi, et
avait-il édicté, de vieille date, les punitions
les plus sévères contre les faux-monnayeurs.
Aux débuts de l'histoire des peuplades germaniques, les criminels de cette catégorie
avaient été simplement condamnés à une
amende, la valeur de l'argent et son rôle social étant minime aux yeux de ces tribus à
peine sorties des forêts d'outre-Rhin. Les Ca-

pitulaires carolingiens prononcent déjà contre
les faux monnayeurs la perte de la main ; cette
même punition se retrouve encore dans le
Miroir de Souabe, le grand Code de lois col-
ligé au XIIIe siècle. Mais bientôt l'accroisse-
ment des relations commerciales entre les différents pays de l'Europe, l'importance considérable du trafic des grandes villes libres de
l'Empire entre elles, amènent une aggravation
marquée de la pénalité. C'est la mort, et une
mort horrible, qui dorénavant vient frapper
ces perturbateurs du marché monétaire et
commercial. On les condamne à être jetés tout
vifs dans de grands chaudrons remplis de vin,
d'huile ou d'eau bouillante. Généralement, dit
le jurisconsulte facétieux auquel j'emprunte
ces détails, on choisissait pour le criminel le
supplice de l'eau, parce que les juges préfé-
raient boire le vin eux-mêmes. C'est de la
sorte qu'un faux-monnayeur fut mis à mort,
à Strasbourg, en 1462. Un autre malheureux,
convaincu du même crime, périt à Metz, dans
l'huile bouillante, en 1510. Le Code criminel
promulgué par Charles-Quint, la *Caroline*,
adoucissait, mais faiblement, l'horreur de ce
supplice. Les coupables devaient être brûlés
dorénavant sur le bûcher. Il est vrai que la
peine capitale ne s'appliquait plus à l'avenir,
d'après le § III de la nouvelle loi, qu'aux faux-

monnayeurs fabriquant directement du numéraire sans valeur, et non plus à ceux qui
détérioraient seulement les monnaies en les
rognant, ou bien encore à ceux qui les refon-
daient pour en abaisser le titre. On aurait été
bien souvent embarrassé de brûler vifs ces
derniers contrefacteurs, puisque, dans le
nombre, il y avait, ainsi que nous le disions
tantôt, bien des princes et des Etats de l'Empire. Aussi le Code se bornait-il à déclarer
qu'on punirait ces deux dernières catégories
de coupables en les privant de leurs biens et
de leur liberté et qu'on le traiterait pour le
reste « selon les circonstances », formule élastique, s'il en fût. Les Etats complices d'une
pareille altération du numéraire devaient perdre en outre le droit de frapper monnaie, punition dont nous ne connaissons pas d'exemple
effectif.

Mais les prescriptions de la *Caroline* ne réussirent point à arrêter les fraudes incessantes
dont eurent à souffrir les espèces allemandes
durant tout le XVIe et surtout le XVIIe siècle.
En parcourant la série des ordonnances mo-
nétaires de ces temps-là, on est frappé des
lamentations incessantes qui s'élèvent contre
le manque d'honnêteté des voisins et contre
l'esprit de lucre des propres bourgeois, n'hé-
sitant pas à introduire dans la ville du numé-

raire sans valeur. Nombre de ces ordonnances sont accompagnées — ornées ne serait pas le mot juste — de *fac-simile* plus ou moins artistiques de certains types monétaires, que les Strasbourgeois ne devront accepter à aucun titre, parce que leur valeur intrinsèque est nulle ou trop au-dessous de leur valeur officielle. C'est ainsi que l'édit du 24 février 1589 dénonce tout particulièrement les testons de Lorraine, marqués d'une croix en forme de poignard ou d'épée (d'où le nom de *Dolchen* par lequel on les désigne) et les *Llancs* de Metz (*Metzblanken*). C'est encore contre une monnaie lorraine, les pièces de six *batz* qu'est dirigée l'ordonnance du 12 avril 1619. Le 29 décembre de la même année, le Magistrat s'en prend spécialement à des pièces de trois kreutzer, appelés *Schreckenberger* et à certains écus italiens marqués d'un agneau (*Italienische Schaaf*). Le 16 octobre 1622 il signale les *albus* de l'empereur Ferdinand II lui-même et défend de les accepter en payement. En 1623 ce sont les ducats du duc de Bouillon, en 1646 ceux de Venise et de Hollande, en 1647 la monnaie d'argent de Genève qui sont ainsi *décriés* ou mis hors de cours par des proclamations officielles.

On faisait, paraît-il, un trafic d'argent fort lucratif, vers la fin du XVIe siècle, entre

l'Alsace et la Lorraine, ainsi que les Trois-
Evêchés. Les spéculateurs peu scrupuleux
réunissaient à Strasbourg de vieux thalers et
des écus ayant un titre supérieur et le poids
légal (*gute grobe Reichssorten*), les achetant
même au *Grempelmarckt*, s'il n'en trouvaient pas autre part, pour les porter au
delà des Vosges. On les faisait refondre, soit
à Metz, soit à Nancy, pour en faire de la
monnaie divisionnaire, bien au-dessous du
titre légal, et l'on essayait de replacer ensuite
en ville cet argent si sujet à caution. L'ordonnance de 1589 prononce la confiscation de
toutes les sommes introduites de la sorte à
Strasbourg et en promet le quart au dénonciateur qui mettra le Magistrat à même de
saisir les coupables. Elle menace en outre
ceux-ci de la déchéance de tous leurs emplois
et de leurs dignités honorifiques. Ceci nous
montre bien — on l'aurait deviné d'ailleurs
sans cela — que c'étaient les gros bonnets de
la bourgeoisie qui s'embarquaient dans ces
opérations aussi fructueuses que peu loyales.
Les relations politiques et commerciales aug-
mentant sans cesse entre la France et l'Alsace,
après le triomphe des huguenots et l'avène-
ment de Henri IV, le Magistrat sentit bientôt
qu'il était impossible de fermer absolument
ses portes à cette « monnaie française qu'on

apporte par tas », comme le dit l'ordonnance
de 1593. Il autorisa donc les bourgeois à
l'accepter en payement, mais à la condition
de porter ce numéraire étranger à la Monnaie, dans un délai de trois jours, sans le
changer ou en trafiquer avec qui que ce soit.
Une caisse municipale spécialement fondée
dans ce but, le *Wechsel*, leur en remboursait
la valeur, mais non la valeur officielle. On
pesait les pièces et c'est d'après leur poids
qu'on réglait la somme payable par l'Etat, qu
pendant quelques années fit ainsi de beaux
bénéfices.

Ces fraudes diverses s'accentuèrent à l'époque de la guerre de Trente Ans. Le numéraire disparaît avec une rapidité effrayante de
1620 à 1648. La solde des mercenaires de tous
pays absorbait des sommes énormes; une
foule de gens enterraient leur argent dans les
provinces fréquemment ravagées par la sol-
datesque, et l'on trouve encore assez fréquemment de nos jours en Alsace de pareils dépôts confiés à la terre par des gens, morts ou
tués avant d'avoir pu les reprendre. La soif
des plaisirs, des distractions coûteuses fut cependant rarement plus intense qu'à cette
époque néfaste. Pour se procurer l'argent nécessaire à leurs jouissances, princes et particuliers se mirent de plus belle à l'altération

des monnaies. Les uns faisaient frapper des pièces d'un tiers ou de la moitié au-dessous de la valeur qu'elles étaient censées représenter. En 1619 le Magistrat déclare que les pièces de trois kreutzer de certains Etats de l'Empire n'ont en réalité qu'une valeur de deux kreutzer; en 1623, tel ducat ne doit être accepté dorénavant que pour 18 *batz*; en 1629 un même édit porte à la fois défense d'accepter neuf espèces de thalers différentes à un prix plus élevé que 14 *schelling*. Et cependant le Magistrat lui-même, nous devons l'avouer, hélas! ne se faisait point faute d'abaisser, lui aussi, le titre de ses propres monnaies. M. l'abbé Hanauer a montré dans ses *Etudes économiques* que la ville de Strasbourg sacrifia, dans une large mesure, à cette détérioration du numéraire, qui, pour certaines de nos pièces de billon, atteignait en 1623 au 4/5 de leur valeur officielle et légale. Si donc nos gouvernants incriminaient avec tant d'âpreté les atteintes portées à la sécurité des transactions commerciales par autrui, c'était, en partie du moins, parce qu'elles contrecarraient leurs propres opérations analogues.

Les particuliers ne paraissent pas avoir souvent *fabriqué* de la fausse monnaie sur le territoire de la république ; du moins ce fait n'est-il jamais articulé par les ordonnances monétaires, si nombreuses pourtant. On les accuse seulement de rogner à outrance (*granalieren*) les espèces ayant encore le poids légal, ou d'exporter pour la refonte en espèces de moindre aloi les monnaies datant d'une époque plus fortunée et renfermant par suite une quantité plus considérable de métal précieux. Il devait être difficile, en effet, de créer un atelier de fausse monnaie dans l'intérieur d'une ville de grandeur moyenne comme Strasbourg, où chacun connaissait ses voisins, et où la surveillance de la police était relativement facile. Aussi n'avons-nous rencontré qu'un seul exemple de ce crime dans tout le cours de la seconde moitié du XVIIe siècle, et J. J. Walther, qui le raconte dans sa Chronique, aurait assurément noté tout fait analogue, si ce cas n'avait été l'unique pendant sa longue existence. C'est en juin 1663 qu'il se produisit. Le coupable était le père d'un homme devenu célèbre dans les annales de Strasbourg, mais pour son habileté bien plus que pour son patriotisme et ses vertus, du futur syndic royal, Christophe Güntzer. Personnage besoigneux et débauché, Jean Güntzer, à bout de ressources, s'était associé avec un orfèvre ruiné, nommé Holdt, pour fabriquer des faux écus d'or (*dublonen*), et continuer, en les répandant en ville, sa vie oisive et déréglée. Les deux complices en placèrent un certain nombre parmi les marchands étrangers venus, cette année-là, pour la foire de Saint-Jean. Mais leur richesse subite ayant éveillé des soupçons, on examina de plus près les pièces mises en circulation et l'autorité se convainquit bientôt de leur fausseté. Güntzer et Heldt réussirent à s'évader et à passer le Rhin; mais le premier fut saisi, bientôt après, dans le voisinage du fleuve, mis à cheval et dirigé, sous bonne escorte, vers Strasbourg. Au moment où l'on passait le pont du Rhin, le malheureux, poussant sa monture vers le parapet, s'élança dans le fleuve et y « périt ainsi corps et âme », ainsi que le rapporte l'honnête peintre et chroniqueur auquel nous empruntons ce triste récit. Etait ce la honte qui poussa Güntzer au suicide, était-ce la crainte du supplice sur le bûcher? Il est peu probable, cependant, qu'on l'eût fait périr par le feu, et nous préférons lui laisser le bénéfice d'un désespoir tardif, mais sincère, qui le poussa à se punir en se détruisant lui-même.

XI.

Nous le regrettons pour la réputation de probité de notre ville natale, mais le nombre des

voleurs semble avoir été considérable à Strasbourg. Nous ne parlons pas seulement des
larcins sans importance, des vols domestiques,
de ceux où l'occasion fait le larron, commis
par quelque garnement ou quelque servante
infidèle, mais des vols qualifiés, des effractions nocturnes, œuvre des habitués de « l'ho-
norable confrérie des rapineux ». L'importance
du trafic de notre ville, les grandes foires qui
s'y tenaient à intervalles réguliers, le nombre
des étrangers qui visitaient ses merveilles, la
masse des paysans naïfs qui venaient y vendre
leur vin ou leurs céréales, tout cela devait
attirer les *pick pocket* de ce temps ou leur
faciliter l'exercice de leur industrie. Aussi re-
trouvons-nous bien souvent dans nos chroniqueurs la phrase presque stéréotype : « Cette
année il y eut peu de sécurité à cause des
voleurs. » Elle sert généralement de préface à
l'annonce de plusieurs exécutions capitales,
ordonnées pour terrifier les mécréants. On
n'y allait pas de main-morte en ces cas-là.
C'est ainsi qu'un certain vendredi de l'année
1581 le Magistrat fit pendre *neuf* voleurs à la
fois. Au mois de mars de l'année suivante,
trois femmes sont mises à mort de compagnie.
Le 3 et le 4 mars 1665 ce sont encore cinq individus qui périssent ensemble au gibet pour
vols par effraction. On pourrait multiplier ces

exemples, grâce aux récits de Schad, de Walther, etc. Naturellement nos chroniqueurs n'ont point songé à noter dans leur journal tous les faits et méfaits arrivés à Strasbourg et rentrant dans la chronique judiciaire de leur temps. On trouve cependant chez eux des détails assez variés pour nous fournir la série complète des différentes *spécialités* de la profession de voleur au XVIe et au XVIIe siècle, ainsi que des punitions dont ils étaient frappés.

Nous pouvons commencer par le simple larcin domestique avec Anne-Barbe Lipp, la servante du major Blaise de Müllenheim, condamnée le 11 juillet 1649 à dix jours de prison, puis mise au *læsterstein* et finalement expulsée de la ville. Nous voyons, en 1501, des vauriens détacher des poutrelles de plusieurs ponts, pour les vendre sans doute; ils sont arrêtés et mis au « panier ». Cette punition, qui nous paraîtrait fort bizarre aujourd'hui, consistait à placer le condamné dans une manne d'osier et à le suspendre au-dessus de l'Ill, du haut du pont du Corbeau, théâtre de bien des exécutions, d'où lui vient son vieux nom strasbourgeois de *Schindbruck*. Quand la durée de cette exposition publique était écoulée, le patient, auquel les quolibets de la foule entassée sur les quais d'alentour ne

manquaient pas, était libre de s'y soustraire
en sautant à l'eau, à moins qu'il no préférât
continuer indéfiniment sa pénitence. Pour qui
savait nager et s'arrangeait à voler en été, la
punition n'était guère terrifiante; elle pouvait amener la mort si l'on devait la subir
pendant les froidures de l'hiver. Elle n'était
appliquée cependant que pour des peccadilles. C'est ainsi qu'en 1477 nous voyons un
jeune garçon mis au *korb* pour avoir volé
des fruits dans un jardin. Quand le vol était
plus considérable, il amenait aussi parfois les
coupables sur le parapet du pont du Corbeau,
mais pour une scène infiniment plus tragique.
Nos anciens usages criminels avaient établi
des punitions différentes pour les deux sexes;
dans les cas où l'homme était pendu, le plus
souvent la femme était noyée. Pour empêcher
toute chance de sauvetage, on revêtait d'ordinaire la malheureuse d'un grossier sac de
toile qu'on fermait par le haut, puis le bourreau lançait la victime dans la rivière, en présence des autorités venues pour contrôler la
mise à exécution de la sentence. C'est ainsi
que, le 3 mars 1583, furent envoyées de vie en
trépas trois femmes convaincues d'avoir pris
part à un vol considérable, et ce jour-là, sans
doute, les abords de la *Schindbruck* durent
fourmiller de monde.

Nous avons hâte de passer à des scènes moins lugubres, d'autant plus que nous en verrons bien d'autres plus tard, et c'est l'Ill, innocente des meurtres qu'on lui fait commettre, qui nous fournira la transition nécessaire. En 1567 un pêcheur du Finkwiller, nommé Jacques Baldner, possédait dans son réservoir une carpe dont il était fier à juste titre; son père la lui avait léguée et depuis cinquante ans au moins elle était de la famille. Un journalier eut cependant la cruauté de la lui ravir, non pour la manger lui-même, mais pour imiter, d'une façon moins désintéressée, le bon saint Crépin, dont il avait entendu raconter sans doute la légende. Il dépeça la bête et en fit respectueusement hommage, comme d'une sienne propriété, aux différents membres du Magistrat. Cela lui valut — et c'est ce qu'il visait sans doute — des compliments et des pourboires. Mais le lendemain fut cruel. Baldner, exaspéré par la perte de son poisson porta plainte et le tour joué par notre drôle fut découvert. Il paraît que messieurs du Conseil avaient trouvé la carpe de leur goût, car ils furent cléments; le voleur en fut quitte pour une réprimande et pour l'expulsion hors des limites de l'évêché.

Autre histoire de poissons, mais dont le dénouement fut plus sérieux. En l'an de grâce

1615, nos pêcheurs constataient la disparition continuelle des plus beaux brochets et autres habitants de nos eaux, conservés dans leurs bannetons et leurs piscines à double-fond. On se plaignit au guet de ces déprédations nocturnes. Le digne chef de ce corps de surveillants civiques promit de redoubler de vigilance, mais les vols n'en furent pas moins fréquents. Il guidait les rondes de nuit en personne, parfois seulement, pris d'un malaise subit, il quittait ses compagnons d'armes et généralement c'était le lendemain que les pauvres pêcheurs avaient à formuler des plaintes nouvelles. Finalement ces coïncidences répétées éveillèrent des soupçons. Le chef du guet fut à son tour guetté, et l'on constata bientôt que c'était lui-même qui faisait ces visites néfastes aux réservoirs de l'Ill, après s'être débarrassé de ses acolytes par un mensonge. Il lui en coûta cher de trop aimer le poisson. Le 10 mars 1615, le pauvre Martin Schœffel était décapité, le Magistrat n'entendant pas que les gens payés pour attraper les voleurs leur donnassent ainsi le bon ou plutôt le mauvais exemple.

La décollation était une punition moins déshonorante, aux yeux de nos ancêtres, que la pendaison, puisque le glaive seul du bourreau frappait le coupable et que l'exécuteur,

au contact infamant, ne le touchait ainsi ni
vivant ni mort. Aussi voyons-nous généralement la décapitation accordée comme une
faveur aux voleurs issus de la bourgeoisie et
dont on voulait ménager les familles. C'est
ainsi qu'en 1564, un brodeur sur soie, nommé
Charles Geutschler, fut exécuté par l'épée,
pour avoir volé la majeure partie de la fortune
de sa femme et de ses enfants d'un premier lit.
Il avait audacieusement porté plainte contre
des voleurs imaginaires par lesquels il prétendait avoir été dévalisé, mais cette excuse
fut reconnue bientôt comme mensongère et
le malheureux exécuté. Peut-être aurait-il été
épargné, si son épouse, moins rancunière,
avait chaudement sollicité sa grâce ; car nous
voyons, par un cas analogue, qu'on n'était pas
toujours aussi sévère. Un autre brodeur sur
soie, Jacques Dussart, que notre chronique
appelle un « fieffé voleur » (*Ertzdieb*), avait
volé pour douze cents écus de soieries, en
1597. Arrêté, condamné à mort, il vit la peine
capitale commuée en un simple exil, après
que les siens eurent remboursé la valeur des
marchandises détournées par le coupable.

Par moments la justice d'alors ne dédai-
gnait pas la note comique dans l'appareil du
châtiment. Nous en avons la preuve, entre autres, dans un procès qui préoccupa vivement

l'opinion publique à Strasbourg durant l'année 1662, et qu'on peut comparer, à un certain point de vue du moins, avec celui du maniaque qui mit en émoi notre population féminine, il y a deux ans. Un tailleur d'un certain âge s'était voué à la spécialité du vol aux jeunes filles. Il les poursuivait le soir dans les rues et visait surtout à leur arracher leurs ornements de coiffures, ces rubans de soie, brodés de perles, que l'on portait alors. Tenez pour certain qu'on parlait autant alors du *Bendeldieb* qu'on a pu discourir naguère sur le *Stecher* dans nos colloques bourgeois. Finalement le coupable fut arrêté en flagrant délit et promené par toute la ville, la tête ornée d'une vieille coiffe de femme, sur laquelle on avait ajusté des fleurs blanches artificielles, tandis que le bourreau et ses aides le frappaient de verges à coups redoublés.

Les voleurs qui s'attaquaient au bien des pauvres, qui pénétraient dans les églises pour y fracturer les troncs, etc., étaient généralement punis sans miséricorde. C'est ainsi qu'en 1613 l'on se saisit de deux malfaiteurs faisant main-basse sur les sachets d'aumônes de Saint-Pierre-le-Jeune; l'un d'eux, qui s'appelait d'un sobriquet bizarre « Soupe-à-l'oignon » (*Zwiebelsupp*) fut pendu ; on relâcha le second, sans que nos sources nous expliquent pourquoi. Si les fonctionnaires publics subalternes donnaient eux-mêmes parfois l'exemple aux voleurs, ainsi que nous l'avons vu plus haut, on ne saurait s'étonner que le bourreau, malhonnête de profession, se laissât entraîner à des trafics illicites et à des complaisances sévèrement défendues par la loi. En 1565, par exemple, l'exécution des hautes œuvres de la république, Sébastien Rosenkrantz, natif de Soleure, dut être exécuté lui-même pour avoir hébergé des voleurs dans sa maison et leur avoir procuré l'occasion de quelques bons coups de filet. Sa concubine, arrêtée comme complice, fut battue de verges et reléguée au delà du Rhin, sous menace de noyade, si jamais elle revenait.

Dans les bandes organisées de voleurs, on rencontre souvent, au XVIIe siècle surtout, des brocanteurs juifs qui leur servent de receleurs, sans participer directement à leurs pillages et à leurs effractions. Les tribunaux ne les punissaient pas moins sévèrement pour cela que leurs complices. Quand on pendit en mars 1665 quatre voleurs saisis au moment où ils pénétraient dans une maison, on arrêta, en même temps qu'eux, leur acolyte israélite qui devait sans doute écouler le butin. Il crut se sauver en offrant de se convertir à la foi chrétienne. Les théologiens n'eurent garde de re-

fuser un» ι εηι» pour le paradis et en vingt-
quatre heure» i» eurent terminé leur instruction religieus» et conféré le baptême. Mais le
malheureux se trompait fort en comptant sur
son pardon. Dès que l'âme fut sauvée, la justice réclama le corps, et, le jour après, on
l'exécutait au Marais-Vert. Seulement on lui
fit grâce du gibet, et comme néo-chrétien il
jouit de la faveur d'être décollé. Le chroniqueur n'ajoute pas s'il sy montra sensible.

Si les voleurs étaient nombreux et dangereux dans l'enceinte même de la cité, ils l'é-
taient bien davantage encore en dehors de
ses murs. L'insécurité des routes pendant ces
deux siècles, où l'Alsace ne désemplit pas,
pour ainsi dire, de gens de guerre, était effrayante. L'impunité était assurée à la plupart
des méfaits commis par les coureurs de grand
chemin, car généralement les maraudeurs
s'arrangeaient de façon à ce que leurs victimes ne pussent venir les dénoncer à un juge
terrestre. Le Magistrat de Strasbourg a fait
pourtant son possible pour assurer la liberté
de circulation sur les voies commerciales de
son territoire, et quand il pouvait mettre la
main sur ceux de ses sujets qui se rendaient
coupables de brigandage à main armée, il les
châtiait sans faiblesse. Nos chroniqueurs en
relatent plusieurs exemples. C'est ainsi que le

20 février 1596, trois bourgeois de la ville, Christophe Zœckler, Henri Haas, boucher, et Isaac Zorn, corroyeur, étaient décapités pour vol de grand chemin; c'est ainsi que le 7 septembre 1633, Philippe de Turckheim, « jeune, beau et frais gaillard », au dire de Walther, est décollé sur la place Kléber actuelle pour avoir aidé au pillage et à l'assassinat d'un aubergiste de Lohr. C'est ainsi qu'en 1650 un ancien soldat de la garnison de Franckenthal, appelé le Petit-Michel, fut roué vif en présence de milliers de spectateurs, comme brigand émérite. Il est vrai qu'il avait avoué pendant l'instruction seize meurtres, « sans compter ceux dont il avait perdu le souvenir! »

Quelquefois, il faut bien l'avouer, le Magistrat fermait les yeux sur de pareils accidents avec une complaisance blâmable. Ainsi le 24 novembre 1584, un négociant de Schaffhouse quittait la ville, ayant neuf cents florins dans sa valise. Entre le *Wickhæusel* et la Hohwarth il fut assailli par un seigneur alsacien, secondé par un soldat de la garnison de Strasbourg, qui l'avaient guetté sans doute à son auberge et combiné le coup. Ils réussirent sans peine à le dépouiller de son bien. Le pauvre homme retourne en arrière pour porter plainte. Le partage fait, le soldat craignant les suites de son escapade prit la clef des champs et ne re-

parut plus à Strasbourg. Mais le gentilhomme
eut l'audace de rentre en ville et de s'établir
à l'*Hôtel de la Fleur*, pour s'y goberger avec
son butin. Schad nous rapporte qu'il fut reconnu, mais « qu'on ne lui fit rien » ! C'était
bien le cas d'appliquer le proverbe : « On
pend les petits voleurs, mais on laisse échapper les grands. » Seulement il est douteux que
ce dicton philosophique ait consolé le négociant de Schaffhouse.

XII.

Si les vols chez les particuliers étaient nombreux, il nous faut, malheureusement, constater aussi qu'ils se présentaient assez fréquemment dans les régions officielles et que
les caisses de l'Etat n'étaient pas moins exposées que celles des simples citoyens. Notre
époque n'a pas le monopole des notaires et
des percepteurs s'éclipsant avec les fonds qui
leur sont confiés, et dès le XVe siècle, nous
trouvons dans nos chroniques des exemples
probants de la faiblesse de nos fonctionnaires
publics vis-à-vis des sollicitations de Mam-
mon. Il s'y rencontre de grands et de petits
voleurs, caissiers de la Tour-aux-Pfennings
ou modestes receveurs de l'*ungelt*. Ce qui
nous frappe surtout, sans trop nous étonner

pourtant, c'est l'extrême inégalité des punitions infligées aux coupables. La justice est
parfois singulièrement clémente pour les uns,
parfois aussi bien dure pour les autres, et
notre esprit démocratique moderne s'insurge
malgré lui, en constatant que c'est d'ordinaire
sur les voleurs bien placés, sur les fripons
noblement apparentés qu'elle s'apitoie, tandis
que les pauvres diables expient des manque-
ments moins graves par le gibet ou le glaive
du bourreau. Quelquefois cependant il leur
surgit un protecteur inopiné, un seigneur ou
une dame noble qu'on intéresse à leur sort, et
ce que les supplications ou les pleurs de leurs
enfants n'auraient point obtenu, une réduction
de peine ou la vie sauve, le Magistrat le con-
cède au sourire gracieux d'une belle visiteuse
qui veut bien condescendre à solliciter pour
les coupables. Que nous sommes encore loin
de l'idée moderne d'une justice impartiale pour
tous! Il est vrai que parfois nos tribunaux
strasbourgeois mettaient des conditions assez
désagréables à ces commutations de peine.
Ainsi nous voyons, en 1459, un employé de
l'octroi, nommé Conrad Schrothbanck, condamné à être pendu pour avoir volé le fisc.
Il se trouve, heureusement pour lui, une comtesse de Salm qui prie le Conseil de lui donner
la vie du coupable. Voulait-on prolonger les

9

anxiétés et les terreurs de ce dernier, avait-on quelque raison de jouer une niche à la comtesse? Nous ne savons; mais le Magistrat décida qu'on n'exaucerait le vœu de Mme de Salm qu'après avoir donné lecture de l'arrêt de mort au condamné, devant l'Hôtel-de-Ville, et l'avoir conduit au pied du gibet. Alors seulement il serait loisible à la comtesse de recevoir le malheureux des mains du bourreau en le décrochant de la corde qu'on lui mettrait au cou. Etant données les idées de l'époque, c'était lui faire subir un contact infamant, difficile à effacer désormais.

La punition ordinaire pour les détournements moins considérables était encore, au XVIe siècle, le bannissement. Sous l'influence des mœurs du moyen âge, nous voyons se conserver l'idée que l'éloignement de la ville natale et du foyer domestique est un des châtiments les plus sévères dont on puisse frapper un concitoyen, et que le malheur d'être chassé loin des murs protecteurs de la cité, abandonné, pour ainsi dire, à la merci d'étrangers sans pitié, suffît. De nos jours, une pareille théorie serait fort du goût de messieurs les criminels et, dès ce temps là, on la combattait comme peu sérieuse au point de vue répressif et peu courtoise surtout pour les voisins auxquels on envoyait des visiteurs

si peu recommandables. Dans la pratique,
néanmoins, on continua, pendant assez longtemps, à bannir, après avoir préalablement
exposé le coupable au pilori. C'est ainsi que
fut traité, en 1502, Materne Pfltzer, comptable
du *Kaufhaus*, pour avoir détourné des fonds.
C'est ainsi que fut expulsé l'économe de l'hôpital, Arbogast Bosl, de Molsheim, en 1553.
Arrêté pour malversations, il dut reconnaître
qu'il avait volé peu à peu 1500 florins aux
fondations pieuses, somme considérable pour
l'époque. Aussi n'en fut-il pas absolument
quitte pour la honte et la peur. Le 22 décembre, on le conduisit devant l'Hôtel-de-
Ville ; assis sur le *schandbänklin*, il dut écou-
ter la lecture de son jugement, puis le bourreau lui coupa les deux oreilles, et après qu'il
eût prêté serment de ne jamais se rapprocher
de la ville à plus de quarante lieues, deux
équarisseurs le conduisirent à la porte de
Pierres et l'expulsèrent de la cité.

Quelques années plus tard, en 1560, le varlet
du Conseil des Quinze, Balthasar Styntz, bien
moins coupable (il avait volé 200 florins environ dans la caisse de l'octroi), était condamné à être pendu. Grâce à l'intervention
du corps pastoral, on lui épargna l'ignominie
de la corde. Vêtu de son uniforme rouge et
blanc, il se rendit librement au lieu de sup-

plice et fut décapité là, le 6 octobre, sans que le bourreau l'eût touché.

Le prochain fonctionnaire dont nous rencontrons le nom sur notre liste criminelle, Henri Marzolff, tonnelier de son métier, et qui, durant vingt ans, avait été l'un des receveurs de l'*ungelt*, eut à se féliciter, par contre, de l'intervention de cinq princes, sans doute des seigneurs de haut rang, étudiant à Strasbourg, dont les démarches l'arrachèrent à la mort. Condamné au supplice du glaive, il en fut quitte pour un bannissement perpétuel à soixante lieues de Strasbourg et pour une promenade en compagnie du bourreau, jusqu'au pont de Graffenstaden, où ce dernier le rendit à la liberté. Et pourtant ses détournements avaient été plus considérables que ceux du pauvre Styntz, qui les avait payés de sa tête !

Le XVIIe siècle vit augmenter dans une proportion notable le nombre des fonctionnaires infidèles de notre petite république. Le chroniqueur J.-J. Walther, qui nous rapporte bon nombre de ces cas affligeants, attribue cette recrudescence à la soif des plaisirs, au manque de piété, au charme de la fainéantise, à la camaraderie qui faisait donner des places, non pas aux plus dignes et aux plus capables, mais aux postulants les mieux apparentés dans les Conseils. Nous ne pouvons nous arrêter à dresser ici la liste complète de ces voleurs, parfois très bien classés dans la haute bourgeoisie de l'époque ; mais nous voyons que le Magistrat essaie de combattre de pareilles malversations, par une sévérité croissante. En 1634, deux contrôleurs de l'octroi sur le pont du Rhin (*Rheinzoller*), le vitrier Tobie Hack et le brodeur Jean-Thiébaut Hugwarth, sont décapités ; en 1658, c'est un ancien membre du Grand-Conseil lui-même, le menuisier Jean Wagner, vieillard de soixante-treize ans, qui est exécuté le 19 novembre pour fraudes commises durant dix-huit années consécutives dans l'administration de l'*ungelt* et pour adultère. Le jeu, le vin, les femmes et la promenade, dit le bon Walther, l'ont poussé à cette fin piteuse. L'année suivante, la population, irritée par ces déprédations continuelles, assiste à un autre procès du même genre. Jean-Michel Hœnig, organiste à Saint-Pierre-le-Jeune, employé à l'administration des fortifications de la ville, est obligé d'avouer devant ses juges pour plus de 1800 florins de détournements, et le 27 mai, sa tête tombe sous le glaive du bourreau. En 1667, le caissier de la Tour-aux-Pfennigs, Jean-Philippe Cuntzmann, est arrêté en flagrant délit, le 6 mars, l'un des administrateurs, Christophe Stædel, l'ayant surpris plongeant ses mains dans le tronc de l'*accise*. Conduit au *Delmelthurm*, il avoue avoir pris près de 6000 florins durant une gestion de dix-sept années, et ici encore on constate que ce sont les femmes qui l'ont perdu et que c'est en dépenses galantes que l'argent de l'Etat a passé. François Reisseissen, avec lequel il se rencontrait souvent pour faire de la musique, fut obligé de l'accompagner au lieu du supplice en sa qualité de membre du Conseil, et c'est sans doute à l'intervention de cet ami que Cuntzmann dut la faveur de ne pas être pendu, mais d'être décollé, sans que le bourreau pût toucher à sa personne. Ses héritiers furent condamnés à rembourser la somme volée, plus 2400 florins d'intérêt, ce qui prouve que le malheureux voleur était riche. Arrivé au *Henckbühl*, devant la porte de Saverne, il se mit à genoux, prononça un discours touchant, dans lequel il engageait tous les fonctionnaires à ne pas imiter son exemple, recommandait au Magistrat sa femme et ses enfants, et fit preuve d'un pieux repentir, qui émotionna beaucoup les spectateurs. « Dieu veuille faire grâce à son âme ! » dit Reisseissen, en terminant son lugubre récit.

Quelques sem: ues seulement après le supplice de Cuntzmann — il fut mis à mort le 29 mars — un autre fonctionnaire municipal, le *Rheinlohner* Michel Schad, était arrêté sous prévention de vol. Mais il réussit à s'échapper de prison et à se réfugier à Spire. Afin de rentrer au moins dans une partie des fonds escroqués de la sorte, le Magistrat dut consentir à lui accorder un sauf-conduit, pour rentrer à Strasbourg. Schad restitua en effet la somme de 2000 florins, mais échappa à tout autre punition, puisqu'on s'était lié les mains à son égard.

Le 9 décembre 1670, Walther note une nouvelle condamnation capitale, celle d'un surveillant des marchés, nommé Christmann, qui s'était approprié le contenu d'un tronc qu'il était chargé de surveiller. Mais nous préférons arrêter ici ce catalogue, afin de ne pas répéter indéfiniment les récits des mêmes méfaits. Il ne faudrait pas croire cependant qu'après la capitulation de 1681, l'administration de Strasbourg fût devenue plus vertueuse; loin de là. Mais le contrôle ne fut plus aussi sévère, et les gaspillages des fonds publics moins facilement découverts. Il s'en présenta pourtant de mémorables exemples, témoin ce procès du préteur royal, M. de Klinglin, qui mit en émoi tout le monde officiel de la ville libre, au milieu du XVIIIe siècle, et resta longtemps vivant dans les souvenirs du petit peuple. Mais cette affaire d'État, dont le dé-

nouement imprévu resta toujours obscur, ne
rentre pas dans le cadre chronologique de ces
causeries, et nous devons renvoyer à Strobel
ou à Friesé ceux de nos lecteurs qui vou-
draient connaître les détails de cette fameuse
affaire de détournement des propriétés de
l'Etat et des revenus publics.

XIII.

Il nous reste à mentionner un dernier attentat contre la propriété pour épuiser la liste
des délits et méfaits de cette catégorie. C'est
du crime d'incendie volontaire que nous voulons parler. On sait quelle était en général
l'étroitesse des rues du vieux Strasbourg, et
combien l'enchevêtrement des maisons, des
hangars, des étables, des cours et des ruelles
devait y rendre difficile, sinon impossible, le
sauvetage de certains immeubles presque entièrement construits en bois et s'élevant parfois à une hauteur de quatre ou cinq étages.
Encore aujourd'hui l'on a quelque peine à
se figurer nos braves pompiers opérant avec
succès dans certaines ruelles situées entre la
place Kléber et la Grand'rue, ou cette dernière et le cours de l'Ill. Le danger de pareils
incendies était aggravé encore, soit par les
saillies des étages supérieurs qui fermaient à

peu près l'horizon à quelques mètres du sol,
soit par les professions dangereuses exercées
par certains citoyens (telles que la fabrication
de la poudre), soit enfin par les quantités de
bois ou de fourrages accumulées dans les maisons pour l'usage quotidien des habitants et
des animaux logés dans leurs étables. Aussi
rien de plus fréquent, depuis le moyen âge,
que des sinistres détruisant plusieurs maisons
à la fois et parfois même un quartier tout entier; Kœnigshoven et ses continuateurs abon-
dent en mentions de malheurs pareils, et les
chroniqueurs du XVIe et du XVIIe siècle en
énumèrent, eux aussi, un nombre considérable, sans s'arrêter probablement à enregis-
trer les incendies de peu d'importance. Le
Magistrat veillait, il est vrai, d'ancienne date
au service du sauvetage; il avait organisé de
bonne heure un corps de citoyens destinés à
combattre le feu et à protéger les immeubles
et les habitants menacés, et nos lecteurs trou-
veront là-dessus d'intéressants détails dans la
notice sur les *sapeurs-pompiers de Strasbourg*, due à la plume de M. A. Seyboth et
publié l'année dernière. Mais il n'était point
en son pouvoir d'enchaîner le feu du ciel ni
d'empêcher la maladresse de ses administrés,
et très certainement le nombre des incendies
était, il y a trois siècles, double au moins de

celui d'aujourd'hui, sans compter que les sinistres étaient autrement effrayants, le chiffre
des victimes humaines autrement considérable. Témoin cet incendie de l'auberge *Zum
Spanbett*, près de l'ancienne Douane, qui eut
lieu en 1497 et dans lequel périrent vingt-six
personnes, la seule issue par laquelle on pût
échapper encore aux flammes, une étroite
lucarne, ayant été bouchée, dit-on, par le
corps d'un malheureux voyageur, trop cor-
pulent pour passer, trop solidement enfoncé
déjà pour être tiré en arrière!

Aussi comprend-on que les autorités aient
puni avec la dernière sévérité les misérables
qui augmentaient de parti pris l'insécurité
déjà si grande, en mettant le feu aux maisons
d'habitation ou bien aux récoltes mises en
grange, soit dans l'espoir de voler pendant
le désordre général, soit par un motif de
haine ou dans un but de vengeance. Bien des
meurtriers, des assassins même ont trouvé
grâce devant la justice strasbourgeoise ; mais
nous n'avons trouvé dans nos sources qu'un
seul exemple du fait qu'on ait gracié parmi
nous un incendiaire. Le Magistrat était sévère,
même pour l'inadvertance. Ainsi le 17 décembre 1670, nous voyons frapper de verges
par la main du bourreau un apprenti menuisier qui avait mis le feu, par simple mal-

adresse, à la maison de son patron, située sur le *Barfüsserplatz*. En 1634, un malencontreux tailleur, Jean-Georges Dambach, faisant un service de patrouille sur les remparts, avait eu l'idée, fort condamnable à coup sûr, d'attacher une amorce brûlante à la queue d'un chat qu'il rencontra dans sa ronde. L'animal, rendu furieux par la douleur, s'élança finalement dans la grange d'un jardinier près de la porte Blanche et enflamma ses récoltes. Dambach, qui n'était certes qu'un incendiaire malgré lui, n'en fut pas moins condamné à la prison, puis au bannissement.

Mais c'étaient des pénalités bien autrement graves quand il y avait méfait intentionnel et préméditation. En 1559, le fils d'un bourgeois de Strasbourg mit le feu au village de Geispolsheim, sans qu'on nous raconte d'ailleurs pour quel motif. Près de quatre-vingts maisons furent consumées par les flammes. Le coupable, conduit en ville, fut déchiré avec des tenailles, puis brûlé vif. En 1560, un incendie détruisit la maison de Michel Nessmann, le vitrier. C'était une jeune servante qui avait allumé les fagots du grenier pour se venger d'une réprimande manuelle de son maître, provoquée par un détournement d'argent. Elle fut condamnée à être noyée dans l'Ill et déjà, dans la matinée du 16 août, on avait donné le signal de l'exécution, en sonnant les neuf coups de cloche habituels, déjà la condamnée avait entendu la lecture de son arrêt de mort devant l'Hôtel-de-Ville, quand le comte palatin du Rhin, Richard, qui était alors prévôt du Grand-Chapitre, parvint à lui obtenir la vie sauve, vu sa grande jeunesse.

Une autre pauvrette, à peine âgée de seize ans, fut moins heureuse. Native de Dettwiller, elle fut exécutée à Strasbourg, le 13 septembre 1611, pour avoir réduit en cendres le village presque tout entier; 92 granges et maisons d'habitation flambèrent. Elle raconta devant le tribunal qu'un homme, habillé comme un Juif, l'avait accostée dans les champs et lui avait promis six cents florins si elle mettait le feu au bourg. Obéissant à ses instigations, elle avait porté des charbons ardents dans une grange où l'attendait un grand chat noir. Mise à la torture, elle avoua également qu'elle avait assisté plusieurs fois à des sabbats nocturnes. Inutile de dire qu'on ne trouva nul argent en sa possession; c'était une pauvre hallucinée, possédée peut-être de la monomanie incendiaire, et, de nos jours, aucun jury ne l'aurait condamnée à mort. Elle fut néanmoins suppliciée, malgré ses seize ans, et la seule faveur qu'on lui fit, consista à la

décapiter d'abord, pour ne brûler ensuite que
son cadavre.

Deux ans plus tard se présentait un cas
analogue. Un jeune vaurien de dix-huit ans,
fils d'un jardinier du Marais-Vert, mettait le
feu à la maison de son père défunt, dans la
journée du 18 juin 1613. Le motif de cet acte
était fort simple et d'ailleurs avoué par le
coupable : il voulait punir sa mère de ne pas
lui donner suffisamment d'argent de poche
pour ses menus plaisirs. Néanmoins on fit
intervenir, là aussi, le diable en personne.
Pressé de questions, espérant peut-être se
sauver en rejetant sur autrui, sur plus puissant que lui, l'inspiration de son crime, le
jeune Augustin Trensz finit par déclarer qu'il
avait fait un pacte avec Satan, dès sa douzième
année. Mais cet aveu ne lui servit à rien.
Malgré les prières de sa mère, qui déclarait
ne point vouloir de poursuites et qui d'ailleurs avait seule été frappée par le sinistre, la
justice fut impitoyable; l'adolescent fut décapité et la malheureuse mère n'obtint qu'un
dernier adoucissement à sa douleur, c'est
qu'on lui abandonna le corps de son fils,
afin qu'elle pût l'enterrer en terre sainte, au
cimetière de Saint-Gall, au lieu de l'enfouir
au pied du gibet.

Vers la fin du XVIIe siècle, après l'occupation

de notre ville par les armées de Louis XIV, nous rencontrons un dernier procès d'incendiaire, qui fit alors grand bruit et dont Reisseissen nous a conservé le souvenir dans son curieux *Mémorial*. C'était en 1691, pendant la guerre de la succession du Palatinat; des incendies se succédant rapidement dans les magasins de fourrages et les dépôts de l'armée, avaient surexcité l'opinion publique et inquiété le Magistrat. L'ancien couvent de Saint-Nicolas-aux-Ondes, puis le grand magasin de paille sur l'Esplanade avaient été allumés par une main criminelle, restée inconnue; le 25 juillet, une troisième conflagration détruisait les écuries d'une des casernes nouvellement construites. Le lendemain l'on arrêtait à la *Pomme d'or* le coupable présumé; c'était un Suisse de Schaffhouse, nommé Jean Morbach et garçon tonnelier de son état. On le soumit à la question ordinaire et extraordinaire, et il avoua avoir été poussé à ce crime répété par le capitaine Sack, officier au service de l'Empereur, et avoir reçu de l'argent du feldmaréchal Caprara et du prince Louis de Wurtemberg. Condamné au dernier supplice avec tout le cortège de rigueurs du Code criminel d'alors, Morbach demanda la faveur de se convertir au catholicisme, non sans doute pour sauver sa vie — il ne pouvait se faire d'illusions à ce sujet — mais pour échapper à quelques-unes des souffrances qui devaient précéder sa mort. On lui permit d'abjurer le calvinisme, mais sans lui épargner pour cela aucune des tortures qui l'attendaient. Le 30 juillet 1691, on le conduisit à la place des Récollets, la place Kléber actuelle, et là, le patient ayant été attaché sur la roue, le bourreau commença par lui rompre lentement de sa massue de fer les os des jambes et des bras avant de lui donner le coup de grâce en lui brisant la nuque. Ensuite le corps fut écartelé, puis brûlé, et la tête, placée au haut d'un mât, fut exposée sur l'Esplanade, afin de terrifier ceux qui auraient été tentés d'imiter son exemple criminel.

XIV.

Nous avons suivi jusqu'ici les moins honnêtes de nos concitoyens dans leurs attentats, plus ou moins graves, contre le bien d'autrui. Après avoir fait la connaissance des escrocs et des faussaires, des voleurs, des détrousseurs de grand chemin, des incendiaires et des fonctionnaires infidèles, nous allons aborder une autre série de méfaits, pour continuer cette galerie d'esquisses criminelles du vieux Strasbourg. C'est des attentats contre les personnes

que nous aurons maintenant à parler, depuis
la rixe simple et les horions échangés entre
bourgeois ivres, jusqu'aux meurtres, aux assassinats et aux infanticides. Le duel et le
suicide, également défendus de par la justice
autrefois, rentreront tout naturellement dans
le cadre de ce lugubre chapitre, un des mieux
fournis à coup sûr, si nous voulions infliger à
nos lecteurs tous les renseignements recueillis
par nous dans les registres judiciaires et les
chroniques.

On me demandera peut-être avec étonnement, si nos bons ancêtres étaient aussi san-
guinaires et féroces que cela, et comment il
se fait que nous soyons devenus si pacifiques
de nos jours. D'abord il me semble qu'on
s'assomme encore passablement dans les rues
et la banlieue de Strasbourg, et les amateurs
de nouvelles judiciaires peuvent s'en assurer
en parcourant, avec l'attention qu'elle mérite,
la Chronique bi-hebdomadaire des *Affiches*.
Puis, il ne faut pas oublier que la vie humaine,
en général, était prisée moins haut, il y a
quelques siècles, qu'elle ne l'est par les générations actuelles. Les coups de couteau, les
coups d'épée se donnaient et s'échangeaient
sans grands scrupules, dans un temps où
chaque citoyen marchait plus ou moins armé,
où les grandes guerres européennes avaient

rendu les mœurs plus sauvages et où la situation si souvent troublée de l'Alsace en particulier facilitait la fuite des coupables ou
leur assurait même parfois une impunité
complète. Ajouterai-je, pour faire plaisir aux
disciples de Gambrinus, que la douceur rela-
tive de nos mœurs actuelles provient peut-
être en partie de ce que, dans les couches
bourgeoises et populaires, la bière pacifique
et calmante a remplacé comme boisson quotidienne nos vins blancs d'Alsace, singulièrement querelleurs de leur nature? N'oublions
pas, si vous y tenez, l'influence bienfaisante
d'une police paternelle, apparaissant parfois
dans les rixes et réussissant à séparer les
combattants avant qu'un malheur soit arrivé.
Voilà, ce me semble, des raisons suffisantes
(en ne pas oubliant non plus la crainte salutaire de dame Justice) pour expliquer la supériorité des contemporains en cette matière,
supériorité qu'il ne faudrait pas exagérer
pourtant.

Ce n'est pas que le Magistrat ait montré
jamais une indulgence trop grande pour les
violences et les agressions qui se produisaient
dans l'étendue de sa juridiction. Si nous avons
retrouvé, dans un vieux recueil de décisions
judiciaires aux archives municipales, l'axiome
dangereux qu'il était permis de donner un

soufflet à un individu de réputation douteuse
(*einen bœcklin maj man einem schnœden mann wol geben*), ce n'est là qu'une exception, qui ne tire point à conséquence. Dès les temps du moyen âge, toute attaque contre la personne d'autrui était passible d'amende et de châtiments corporels, et les plus hauts placés ne devaient pas se les permettre vis-à-vis des plus humbles. C'est ainsi, qu'en 1505, nous voyons conduire en prison un fonctionnaire de l'empereur Maximilien Ier, qui avait refusé de répondre aux questions du péager de Graffenstaden et avait fini par rudoyer ce modeste fonctionnaire, trop curieux à son gré. En 1509, c'est le capitaine Hans Schreyer, également au service de Sa Majesté Impériale, que l'on fourre au cachot pour avoir poursuivi, l'épée nue, quelques demoiselles de réputation douteuse, qui l'avaient détroussé peut-être. En 1608, un prince Carafa, logeant à l'Hôtel de l'*Esprit*, sur le quai Saint-Thomas actuel, s'enivre et blesse, après lui avoir cherché querelle, le docteur Saltzmann, qui buvait avec quelques amis dans la salle basse de l'auberge. Immédiatement on l'arrête et le grand seigneur italien n'est libéré qu'après avoir payé 300 florins d'amende et 600 florins de dommages-intérêts à Saltzmann. Pour un peu, le bon docteur l'eût prié de recommen-

cer. Cette impartialité reste même entière,
quand des membres du Magistrat sont com-
promis personnellement dans une pareille
aventure. Ainsi l'un des XV, le libraire-éditeur
Lazare Zetzner, en querelle d'affaires avec
l'imprimeur Simon, envahit l'appartement de
ce dernier, en 1642, et lui administre une solide raclée (*het ihn mit einem stecken abge-
schmiert*, dit le chroniqueur). Sur la plainte
de Simon, le Conseil s'assemble, impose une
forte amende à Zetzner et, comme il se montre
récalcitrant, le dépose de ses fonctions publiques. On le voit, dans ces cas la répression
est rapide et impartiale. L'était-elle toujours?
Après ce que nous avons déjà dit des habitudes « patriarcales » de la justice d'alors, on
pense bien que la réponse ne saurait-être absolument affirmative. Reisseissen nous a conservé, dans son *Mémorial*, le récit vraiment
grotesque d'une rixe entre un membre du
Grand Conseil, le sieur Jean-Daniel Franck, et
l'ammeister Jean Frédéric Würtz, rixe qui se
produisit le 3 juin 1683, comme bouquet d'un
magnifique repas de noces donné en l'honneur du mariage de M. Daniel-André Kœnig,
négociant. Ces deux dignitaires, échauffés par
le vin, se prirent de querelle à propos d'une
décision du Conseil, puis échangèrent des
soufflets. Le premier saute à la gorge du se-

cond, tous deux tombent par terre, s'arrachant
leurs vastes perruques poudrées, et c'est avec
beaucoup de peine qu'on parvient à les séparer et à les mettre sur jambes. Les faits
s'étaient passés devant si nombreuse compagnie qu'il n'y avait pas moyen de les céler.
Les jurisconsultes officiels sont donc saisis de
l'affaire et les deux combattants internés dans
leurs domiciles respectifs. Puis le Conseil des
XIII en personne délibère sur ce « délit
atroce » et décide enfin qu'on fera promettre
solennellement aux deux champions de ne pas
poursuivre cette querelle, et qu'ils paieront
une grosse amende. On applaudirait volontiers, si Reisseissen ne glissait à la fin de son
récit cette phrase significative : « *Seindt zwar
gestrafft worden, haben aber nichts gegeben;*
on leur a bien infligé l'amende, mais ils ne
l'ont pas payée. »

La peine primitivement en usage pour des
rixes plus graves, dans lesquelles le sang avait
coulé, n'était pas d'ailleurs l'amende. Au
moyen âge, le bourreau coupait le poing à
celui qui attaquait à main armée son prochain,
surtout s'il pénétrait dans le domicile même
de son adversaire. Ce même châtiment se
rencontre encore au XVIe siècle; c'est ainsi
que nous voyons un typographe, appelé Jean
Jacob, arrêté, puis mutilé de la main droite,

pour avoir assailli la femme d'un bourgeois
dans sa maison et pour l'avoir blessée. La
même punition devait frapper, en 1510, l'un
des gardiens (*blæser*) de la Cathédrale, qui
s'é'ait attaqué de nuit à l'un de ses collègues
pendant qu'ils arpentaient la plate-forme; mais
il fut pardonné, grâce à l'intervention du
Grand-Chapitre. Plus tard, on rencontre généralement des condamnations à la prison, à
l'amende, une ou deux fois à l'exil. En 1649,
deux étudiants, Georges-Frédéric Stoffel et
Jean-Frédéric de Langenau, arrêtés sous l'inculpation d'avoir *voulu* seulement bâtonner
le président du Convent ecclésiastique, le vé-
nérable docteur Jean Schmidt, et qui n'avaient
pas eu le temps d'utiliser contre qui que ce
fût les gourdins cachés sous leurs manteaux,
furent condamnés à cinq jours de cachot. La
même année, c'est un marchand italien, Ber-
nardo Carlo, de Côme, venu à Strasbourg pour
vendre des oranges, et qui y récolte une condamnation à la prison et 44 livres d'amende
pour avoir rossé l'aubergiste de la *Fleur*, faute
de ne pouvoir s'entendre dans leurs petites
transactions commerciales. Quand les gens
n'avaient pas d'argent, on se contentait parfois de les enfermer, sans leur réclamer autre
chose. C'est ainsi que le sergent de ville Gaspard Wackermann est conduit à la geôle pour

avoir rudement maltraité (*übel geschmissen*)
sa femme, et le savetier Jean Hofmann partage
son sort pour des méfaits identiques commis
sur sa moitié récalcitrante.

Quand à la violence se joignait un abus de
pouvoir, la punition devenait naturellement
plus sévère. Nous parlions tout à l'heure d'un
sergent de ville qui battait sa femme, chose
assurément blâmable et qui ne témoigne pas
d'un grand sang-froid chez ce représentant de
la force publique. Mais le cas du valet des
Sept, Hans de Nœrdlingen, que nous rapporte
une chronique à l'année 1501, est infiniment
plus grave. Cet huissier-audiencier du tribunal
des Sept alla saisir, de son autorité privée, un
jeune écolier et le traînant à l'auberge du
Gertenfisch (au coin du quai Saint-Nicolas,
près du pont du Corbeau), il lui fit subir une
série de tortures. Dénoncé, il fut condamné à
être mis au cachot, puis frappé de verges jusqu'à effusion de sang et enfin banni de la
ville. Certaines offenses réputées plus particulièrement graves et portant atteinte à la
majesté de la justice étaient néanmoins punies encore, au XVIIe siècle, de la peine meur-
trière du moyen âge. Ainsi Daniel Martin,
l'honnête maître de langue dont nous avons
déjà parlé dans ces causeries, nous raconte
dans l'un des dialogues de son *Parlement*

nouveau, que, de son temps, un homme avait
eu le poing coupé pour avoir donné un soufflet à un avocat qui plaidait au Palais et dont
la langue bien pendue avait sans doute dé-
coché quelques traits trop acérés contre l'i-
rascible plaideur.

C'est surtout la guerre de Trente Ans qui
influença d'une façon néfaste les mœurs publiques en les rendant plus rudes, plus grossières, en détruisant, par sa durée même, les
progrès de la civilisation, réalisés à une époque
antérieure. Rien n'est plus nuisible à la moralité publique que les grandes guerres. Il y a
longtemps que l'humanité en a fait la triste
expérience. Vainqueurs et vaincus y appren-
nent également à mépriser la vie humaine,
ayant reçu trop d'éloges pour l'avoir détruite,
et certaines natures plus foncièrement per-
verses finissent par ne plus saisir la différence
qui existe entre couper la gorge à autrui au
nom d'un gouvernement quelconque et la
couper pour son propre compte. Le Magistrat
de Strasbourg faisait déjà des réflexions analogues, sans doute, il y a deux cent trente ans,
en se lamentant sur « ces temps douloureux
où les rixes, les rencontres, les coups et blessures et autres attentats odieux s'accumulent,
au delà de toute mesure, dans l'étendue de nos
domaines ». Aussi l'ordonnance du 9 février

1650, qui s'ouvre par ces doléances, est-elle
d'une importance capitale sur la matière.
L'autorité y a fait comme un dernier effort
pour opposer une digue aux violences qui
caractérisent cette époque et dont notre célèbre compatriote, Jean-Michel Moscherosch,
nous a retracé le vivant tableau dans certains
chapitres de ses *Visions merveilleuses de
Philander de Sittewald*. Nous rencontrons là
toute une échelle de pénalités, savamment
graduées d'après l'importance des plaies et
bosses faites au prochain. Celui qui s'engage
dans une rixe et distribue des coups de poings
et des coups de pied, mais sans laisser des
« bleus » (*blœhe mœhler*) à ses adversaires,
paiera une livre d'amende. Si ce sont des
femmes qui se livrent à des exploits pareils,
elles payeront trente schellings. L'amende reste
acquise quand même une réconciliation sincère (amenée par la crainte d'être obligé de
vider son escarcelle) suivrait la bataille. Elle
est doublée si, après une réconciliation pas-
sagère, le combat reprend de plus belle. Si
un tiers a le malheur d'exciter les deux champions de la parole, du geste et surtout du
poing, il paiera trois livres d'amende, punition
fort rationnelle, puisque ce dernier coupable
n'a pas l'excuse de la passion qui le domine.
Si les coups ont été portés à l'aide de bâtons,

cannes, fourreaux d'épée, etc., de façon à produire des bleus ou des enflures, l'amende est
de deux livres. Si l'enflure nécessite l'intervention d'un chirurgien, le cas sera traité comme
s'il s'agissait d'une plaie ouverte (*blutrunz*).
Le seul fait de lancer contre autrui un couteau, un poignard, un stylet, même au cas où
l'on n'atteindrait personne, est passible d'une
amende d'une livre. Si ces armes occasionnent
une plaie saignante ouverte de peu d'impor-
t nce (*kleine blutrunz*), le coupable payera
trois livres ; si la plaie est plus large (*grosse
blutrunz*), l'amende est de six livres. Elle
s'élève à huit livres pour le pugiliste furieux
qui aurait cassé bras ou jambe à son adversaire, en le frappant soit de la main, soit du
pied. Mais cette peine sera appliquée seulement pour le cas où la guéri-on se sera faite
rapidement et sans difficulté. Si la jambe ou
le bras restaient tordus, ou trop courts, l'a-
mende serait portée à douze livres, sans pré-
judice, bien entendu, des réclamations de la
partie civile Si rixe pareille éclatait à l'Hôtel-
de-Ville ou dans l'un des *poêles* des tribus, ou
bien encore en présence d'un membre du
Magistrat, les punitions seraient aggravées
d'après la gravité de l'offense. Cinq « inspecteurs des plaies et bosses » (*Wundenschauer*)
devaient être élus par la tribu de la *Lanterne*

pour fonctionner comme experts-jurés dans
toutes les affaires de ce genre et décider s'il
y avait lésion externe ou non, si c'était l'a-
mende de la petite ou de la grande *blutrunz*
qu'il fallait appliquer, etc.

L'ordonnance de 1630 ne servit pas, hélas!
à grand chose. Dès 1654, le Magistrat en pu-
bliait une nouvelle sur la même matière, où il
défendait le port de couteaux à double pointe,
de pistolets de poche (*Puffer*) et autres instruments homicides, en termes pressants, qui
semblent montrer qu'on se promenait alors
dans nos rues, armé comme les citoyens d'une
des villes improvisées du Far-West américain.
Nous avons peine à nous figurer aujourd'hui
des scènes pareilles à celle que Walther nous
raconte, par exemple, à l'année 1665. Le comte
Jean-Régnard de Hanau-Lichtenberg ayant
soupé, à l'auberge du *Bœuf*, et bien soupé,
paraît-il, en nombreuse compagnie, se trouva
finalement *ému* au point que l'aubergiste, ne
sachant comment calmer Sa Seigneurie ou
s'en débarrasser, fit appeler quelques soldats
du corps de garde voisin de la porte des
Bouchers. Le comte, vivement froissé de cette
apparition du poste, qui troublait sa gaîté trop
expansive, se jette sur ses pistolets et se met
à canarder la milice strasbourgeoise. Mais
celle-ci n'était pas d'humeur à se laisser

abattre de la sorte et ripostant à son tour, elle
jeta sur le carreau l'un des gentilhommes et
l'un des serviteurs du petit dynaste alsacien.
Ce triste spectacle dégrisa quelque peu le
comte Jean Régnard et lui fit quitter au plus
vite les murs inhospitaliers de Strasbourg, où
l'on ne permettait pas aux princes de s'amuser
à leur guise.

XV.

Si nous abordons maintenant la série des
attentats délibérément commis contre la vie
humaine, il semble assez naturel de commencer par ceux auxquels nous répugnons,
en général, le plus, c'est-à-dire par ceux di-
rigés contre nos propres personnes. Les suicides n'étaient pas absolument inconnus à
Strasbourg « au bon vieux temps ». Sans doute
cette déplorable manie de sortir de la vie à
la moindre contrariété ne ravageait pas encore les esprits au même point qu'aujourd'hui,
et nos ancêtres n'avaient pas, du moins, à
subir le spectacle écœurant de tant d'adolescents, d'enfants même se jetant dans les bras
de la mort avant d'avoir entrevu seulement
les réalités de l'existence. Mais les soucis ma-
tériels et les douleurs morales, les déceptions
de la vanité comme celles de l'ambition,

exerçaient, alors comme de nos jours, leur
influence néfaste sur les caractères moins bien
trempés et les poussaient à en finir d'un coup
avec toutes leurs déceptions et tous leurs
maux. Si le nombre des malheureux, « félons
contre eux-mêmes », pour employer l'éner-
gique expression de la langue anglaise, n'a
pas été plus considérable au XVIe et au
XVIIe siècle, c'est à deux causes principales
qu'il faut l'attribuer, à l'influence religieuse
d'abord, autrement puissante sur les âmes
qu'elle ne l'est aujourd'hui, aux prescriptions
légales ensuite, qui frappaient les suicidés de
peines posthumes suffisantes en elles-mêmes
pour arrêter ceux qui n'étaient pas absolument
désespérés. En effet, dans la première moitié
du XVIe siècle les cadavres de ceux qui péris-
saient de leur main étaient cloués dans une
barrique et conduits par le bourreau jusqu'au
pont du Rhin, d'où ils étaient précipités dans
les flots. Il en était encore ainsi en 1546; mais
nous avons constaté que même en 1633, une
femme Gradt, incarcérée pour inconduite, et
qui s'était pendue en prison, fut, au dire de
Walther, expédiée de la sorte (« *In ein Fass
geschlagen und in den Rhein geworfen* »). A
cette date cependant, cette législation barbare
était tombée en désuétude et dès la fin du
XVIe siècle elle n'est plus mentionnée pour les

représentants des classes bourgeoises supé-
rieures. Les suicides sont d'ailleurs relativement peu nombreux, je le répète. De 1553 à
1579, par exemple, nos chroniqueurs n'en
mentionnent que quatre ; encore deux de ces
malheureux sont-ils des étrangers. En 1553,
c'est un gentilhomme faisant partie de l'état-
major de notre garnison strasbourgeoise, qui,
après avoir soupé à l'auberge du Nesselbach,
au coin de la rue d'Or (la maison Dietrich actuelle), franchit inopinément le mur de l'hôtel
et se précipite dans l'Ill. En 1560, un tisserand,
venu d'Augsbourg, se pend dans la rue des
Cordiers. C'est par la pendaison également
que la veuve Rebstock, revendeuse au Marché-
aux-Poissons, met fin à ses jours, en 1569. Dix
ans plus tard, Jérémie Specklin, le receveur
de l'Hospice des vérolés, s'attache une pierre
au cou et s'élance dans le Rhin, au plus fort
du courant. Dans tous les cas où l'on retrouvait le cadavre, c'était l'équarisseur (*Schinder*)
ou le bourreau qui venait chercher le corps
à domicile et l'enfouissait en un coin du cimetière de Saint-Urbain. Plus tard les corps
des suicidés furent abandonnés le plus souvent (quand ce n'étaient pas personnes notables) aux étudiants de l'amphithéâtre anato-
mique établi dans la chapelle de Saint-Érard
au milieu du XVIIe siècle.

Que de sujets de romans et de dramos strasbourgeois nous pourrions recueillir, si les
chroniqueurs n'avaient trop souvent résumé
d'un seul mot les catastrophes qu'ils con-
signaient dans leurs récits! C'est un amour
malheureux qui pousse au suicide la jeune et
jolie fille de Mathias Scholck, le gargotier de
l'*Ammeisterstub*. Elle se précipite dans l'Ill,
puisque ses parents refusent de la donner au
jeune homme qu'elle aime. Mais qui nous dira
jamais quels chagrins intimes amenèrent la
vieille octogénaire qui se tue dans cette même
année 1624, à noyer ses douleurs dans la fon-
taine publique près du « Trou aux Navets »?

Peu à peu le pistolet remplace la corde et
l'eau dans la nomenclature funèbre des attentats de ce genre. Dès l'époque de la guerre de
Trente Ans, ce sont les armes à feu qui
dominent parmi les instruments du suicide.
C'est à leur aide que le receveur Cuntzmann
met fin à son existence en 1611; c'est en se
brûlant la cervelle que Jean-Philippe Hünerer
se délivre des idées noires qui l'obsèdent, le
21 juillet 1651. Pauvre homme! Il avait engagé
la veille ses enfants et sa servante à aller dès
six heures du matin au sermon, et quand ils
rentrèrent du prêche, ils trouvèrent le malheureux négociant étendu par terre, au grenier, tenant encore l'arme fatale à la main.

Peut-être pleurait-il la perte d'une épouse chérie, comme cet autre infortuné dont Walther nous rapporte la tragique histoire. Jacques Kœrcher, négociant notable, ancien membre du Grand-Conseil, avait perdu sa femme le 13 mai 1670. Six jours plus tard, désespéré de cette séparation qu'il ne pouvait supporter, Kœrcher s'enfermait dans son comptoir et se coupait la gorge d'un coup de rasoir. En présence de ce deuil touchant d'un collègue, le Magistrat n'osa point, on le pense bien, faire appliquer les règlements ordinaires. Il permit que l'on déposât le corps du suicidé en terre sainte, à côté des restes de celle qu'il avait voulu rejoindre à tout prix. A partir du XVIIIe siècle d'ailleurs, l'enterrement ecclésiastique ne fut plus refusé, croyons-nous, que dans les cas où il était impossible d'admettre un cas de folie momentanée, de perturbation mentale, et la seule différence qui fût encore observée dans le cérémonial funèbre, consistait à procéder à l'enterrement des suicidés de très grand matin. Les hommes consentaient enfin à abandonner le jugement de ces actes désespérés à Dieu, seul à même de sonder les cœurs et d'établir en sa souveraine sagesse et bonté, sous quel poids accablant ils avaient sombré dans la tempête de l'existence.

On pourrait s'étonner à juste titre des mesures relativement moins dures qui frappaient le duel et les duellistes. Mais nous n'avons guère le droit d'être sévères pour nos ancêtres sur ce point, en présence de tout ce qui se passe aujourd'hui même sous nos yeux. Mieux vaut encore ne pas édicter de peines afflictives sérieuses quand on n'est pas décidé d'avance à les appliquer. De nos jours le duel est partout défendu par des lois; il est passible de la police correctionnelle, voire même de la Cour d'assises, et non seulement des classes entières de la société s'y livrent avec une impunité scandaleuse, mais les législateurs eux-mêmes, en remplissant les journaux de leurs procès-verbaux de rencontres, semblent tirer gloire de leur désobéissance à la loi. Et pourtant, nous sommes le siècle bourgeois par excellence! Comment s'étonner alors que les gens du XVIe et du XVIIe siècle, portant l'épée au côté, vivant au milieu d'une société tout imprégnée encore des vieux préjugés et des brutalités féodales, aient regardé le duel comme un péché véniel et n'aient guère obéi aux ordonnances qui tâchaient de le faire disparaître de nos mœurs? A y regarder de près cependant, c'est aux mêmes catégories peu nombreuses d'individus qui de nos jours encore cultivent le duel, que s'adressaient les

objurgations et les menaces du Magistrat.
L'ensemble de la population strasbourgeoise
ne paraît jamais avoir eu de grandes sympathies pour ces mœurs de bretteurs et de capi-
tans, et les nobles, les militaires, les étudiants, trois classes sociales, recrutées principalement parmi les étrangers, sont ceux
auxquels s'adressent avant tout les ordonnances de 1583, de 1609, 1628, etc., contre
les duels. Celle du 9 février 1650, promulguée
par le stettmeister Wolf Dietrich Zorn de
Plobsheim, et résumant les précédentes, édicte
une amende de deux cents thalers au profit du
fisc, contre tout individu qui se permettrait
d'en provoquer un autre en duel ; il sera mis
en prison jusqu'au payement de l'amende,
même au cas où l'adversaire refuserait le
combat. Si l'un des combattants est blessé,
les deux seront punis, selon les circonstances,
d'une amende ou de la prison. Si l'un des
deux succombe à ses blessures, son meurtrier
sera accusé de meurtre avec préméditation et
puni de mort, selon les prescriptions du Code
criminel de Charles-Quint. L'édit du 30 mars
1671 vint encore renforcer les défenses déjà
promulguées, en défendant, par exemple, le
port d'épées à tous les domestiques d'étudiants (*Studentenjungen*), aux commis négociants, etc., sous peine d'une amende de

trente schillings. Toute provocation détournée
(comme de présenter son gant à quelqu'un,
de l'inviter à une conférence, de lui proposer
une petite promenade hors la porte, etc.) sera
punie aussi sévèrement qu'un appel direct aux
armes.

Ces édits ne paraissent pas, il est vrai, avoir
eu grand succès auprès de ceux qui auraient
dû se pénétrer avant tout de leur esprit, mais
nous ne possédons que des indications générales sur les désordres de ce genre commis à
Strasbourg, et c'est une exception rare quand
on nous rapporte un cas de duel en citant
les noms propres, comme, par exemple, celui
de Jean-Philippe Zuckmantel avec Philippe-
Jacques de Seebach, qui eut lieu en 1613, à la
suite d'une querelle de jeu. Les deux adversaires avaient à peine mis pied à terre et com-
mencé à ferrailler devant la Porte-Neuve (vers
l'Esplanade actuelle), quand ils furent arrêtés
par la police municipale et condamnés chacun à cinquante florins d'amende. En 1644,
autre duel entre le capitaine de Pless et le sire
Antoine de Lützelbourg; la rencontre eut lieu
dans la rue Sainte-Madeleine (*Utengasse*) et
d'une façon passablement bizarre, M. de Pless
combattant à cheval, et le jeune Lützelbourg
visant son adversaire de l'une des fenêtres de
la maison maternelle. Le premier des deux

champions fut m ı tellement blessé, mais nous
ne savons point ce qu'on fit au baron de
Lützelbourg. Nous pourrions citer encore ici
la scène rapportée par Reisseisen à la date de
1667 et montrer aux prises le lieutenant-co-
lonel Kraut et le major Wolff, mais cette énumération nous mènerait trop loin, et ce dernier cas en particulier ne nous montrerait pas
précisément la justice criminelle strasbourgeoise sous un aspect bien favorable, parce
qu'elle étouffa l'affaire de ces deux défenseurs
de la cité, se contentant de mettre les adversaires tous deux aux arrêts forcés, à domicile,
sans leur infliger aucune amende ni autre
châtiment.

XVI.

Quand c'était de propos délibéré que ses
sujets s'attaquaient à la vie du prochain, le
Magistrat de Strasbourg n'était guère tendre
à leur égard. L'assassin proprement dit, que
son méfait fût accompagné de vol ou non,
n'échappait pour ainsi dire jamais à la condamnation capitale et à un supplice généralement terrible. Mais il en était parfois autrement quand il n'y avait point préméditation
et que la victime était frappée sous l'impulsion
d'une colère subite, d'une vengeance immédiate, d'un de ces coups de sang inondant le

cerveau et faisant « voir rouge » au meurtrier.
En pareille occurrence, il arrivait que la peine
prononcée fût relativement légère. C'est ainsi
qu'un extrait du *Heimlich Buch* daté de 1355
déjà, nous apprend qu'un pêcheur du Wasen-
eck, nommé Swebelin, coupable d'homicide,
fut simplement banni, après avoir été exposé
pen lan quelques heures sur l'échelle devant
l'Hôtel-de-Ville. Il en est de même en 1561
d'un meurtrier nommé Hans Arnold. En 1568
c'est le bourreau lui-même qui se rend coupable du même crime, en tuant d'un coup
d'épée un gentilhomme étranger, avec lequel
il s'est pris de querelle dans le faubourg de
Pierres. Soit que l'autre eût été l'agresseur,
soit que l'exécuteur des hautes œuvres eût
rendu de trop longs et loyaux services pour
être sévèrement puni, on se contenta de le
bannir à dix lieues de Strasbourg et de lui
imposer une amende de vingt livres pfennig
en faveur de l'Hospice des Vérolés. Encore en
1611 nous voyons un citoyen, nommé Wolf
Harnister, convaincu de meurtre, et condamné simplement au bannissement et à une
forte amende.

Parfois aussi la condamnation capitale
n'intervenait pas, puisque les preuves ex-
ternes faisaient défaut et que les accusés refusaient de s'avouer coupables, malgré les

douleurs de la torture, employée dans presque toutes les causes criminelles pour obtenir
la confession de l'inculpé. C'est ce qui eut
lieu en janvier 1671, à l'égard d'un ouvrier
tailleur de Stettin, prévenu d'avoir frappé
d'un coup mortel un gentilhomme impliqué
dans une rixe qui avait eu lieu dans la nuit de
la Saint-Étienne. On eût beau le hisser et le
rehisser à la poulie du *Deimelthurm* et le
« géhenner » cruellement, il persista dans sa
déclaration d'innocence et finalement il dut
être renvoyé de la poursuite. Cette même
année, mais quelques semaines plus tard, un
étudiant de Ratisbonne, Erasme Leschenkohl,
tuait d'un coup d'épée l'un de ses condis-
ciples, avec lequel il s'était pris de querelle
au beau milieu d'un banquet qu'il offrait à
ses amis pour fêter la réussite de ses exa-
mens de docteur. Leschenkohl plaida les circonstances atténuantes. Il ne pouvait prétendre ne pas avoir tué sa victime, mais il
affirmait avoir été si abominablement gris au
moment de cette lugubre affaire qu'il ne lui
en était pas resté le moindre souvenir. Condamné néanmoins à mort, il fut gracié sur
la demande des magistrats de sa ville natale
et de seize de ses compatriotes qui vinrent
présenter au Conseil des Treize une pétition
en sa faveur, et faire respectueusement force

génuflexions devant ce corps suprême de la République. Au lieu de lui couper la tête, on l'envoya combattre les Turcs pendant dix ans, en se fiant peut-être à l'habileté connue des janissaires pour exécuter tôt ou tard la première sentence. Il serait intéressant de savoir si le jeune docteur, une fois hors des terres de Strasbourg, se crut tenu de guerroyer véritablement contre les Infidèles, ou s'il rentra bourgeoisement chez lui, réservant ses capacités médicales et autres pour ses futurs clients.

Malgré cette tolérance générale à l'égard des simples meurtriers, nous avons rencontré pourtant plusieurs cas d'exécution pour des coupables de cette catégorie. C'est ainsi qu'en 1564 un serviteur du chanoine capitulaire, N. de Hohensaxen, est décollé pour avoir tué, d'un coup sur la nuque, le jeune Jean-Conrad de Brumt, qui passait dans la ruelle des Dominicains. En novembre 1657, on fait passer de vie à trépas un jeune peaussier, nommé Kesselmayer, pour avoir tué au faubourg de Pierres un jardinier qui le provoquait dans son ivresse. Les larmes de sa fiancée ne réussirent pas à le sauver. Dix ans plus tard, c'est un vieux soudard qu'on décapite, pour avoir assommé sa fille d'un coup de poing, etc.

Le même châtiment vient frapper les assassins ordinaires, quand leur crime n'a pas été
accompagné de circonstances trop odieuses.
C'est par le glaive que périt en 1556 un boulanger, nommé Pantaléon, qui avait tué son
camarade, dormant avec lui sur les remparts,
pour fouiller plus à son aise les poches de la
victime. C'est de la même façon qu'est exécuté en 1592 un misérable qui avait tué, près
du château de Lichtenberg, un étudiant en
voyage. Seulement, comme c'était au moment
de la guerre des Evêques, et que les routiers
lorrains ravageaient le pays, on n'osa point
aventurer les membres du Magistrat hors des
murs d'enceinte, et l'exécution eut lieu au
Marais-Vert, ainsi qu'ont soin de le noter les
chroniques. Le jardinier Thiébault Riehl fut
également décapité en 1622, bien que son
crime présentât des caractères singulièrement aggravants. Riehl était un jardinier aisé
qui, dans un repas de noces, étant sans doute
échauffé par les fumées du vin, avait pris une
pièce d'or dans la poche de son voisin de
table, plus ou moins ivre lui-même. André
Heysch, revenu de ses rêves bachiques, réclama son ducat, que Riehl nia d'abord avoir
soustrait. L'autre menaçant de porter plainte
devant la justice et n'épargnant pas, on peut
le supposer, les épithètes outrageantes, le

jardinier résolut de s'en venger et de supprimer en même temps un accusateur obstiné.
Il l'invita donc à venir le trouver un certain
soir, afin de le faire rentrer dans ses fonds, et
Heysch ayant franchi le seuil de sa maison,
Riehl se jeta sur lui, secondé par sa femme,
le tua, puis ils enterrèrent nuitamment le cadavre sous l'aire de leur grange. Pendant
quelques jours ils se crurent à l'abri du
danger. Mais on fit des recherches, le corps
fut trouvé et Thiébault exécuté. Anne Riehl,
sa femme, avait été condamnée à mort, elle
aussi, comme complice, mais amenée sur le
lieu du châtiment, elle partit d'un long éclat
de rire en débitant les calembredaines les
plus absurdes. On n'osa mettre la folle à mort,
bien qu'on fut à peu près convaincu qu'elle
simulât seulement la folie, et elle vécut encore de longues années à l'hôpital, dans le
cabanon des fous. Frappant exemple de la
ténacité que l'homme met à vivre puisqu'elle
trouvait encore une existence aussi affreuse
préférable à la souffrance momentanée qui
devait y mettre un terme!

Tous les assassins néanmoins n'étaient pas
aussi favorablement traités, sans que nous
puissions toujours nous rendre compte de ce
surcroît de sévérité dans la sentence des
juges. En 1607, par exemple, nous trouvons

le cas d'un jeune homme, nommé H. Philippe
Müller, dont le supplice fut vraiment horrible. Ayant à se plaindre ou croyant avoir
à se plaindre — ce n'est pas toujours chose
identique — de son tuteur, Gaspard Mus-
culus, maître relieur à Strasbourg, il alla
l'attendre un dimanche matin au sortir du
prêche de Saint-Pierre-le-Jeune. L'abordant
dans la Grande-rue-de-l'Eglise, il lui présenta
un pistolet et, sans explications préalables,
il lui brûla la cervelle. Immédiatement condamné à mort, Müller fut traîné sur une claie
jusqu'au gibet et tenaillé avec des pinces
rougies au feu; puis on lui trancha la main
droite, que le bourreau planta devant ses
yeux sur une pointe de fer, et c'est après ces
préliminaires seulement qu'on lui rompit les
os sur la roue. En 1560 on avait également
roué vif le chef d'une famille entière d'assassins dont l'histoire fournirait certainement
matière à un roman criminel moderne, si
nous en connaissions tous les détails. C'é-
tait un aubergiste, dont l'enseigne portait
l'inscription rétrospectivement sini-tre *Zum
rothen Kreuz*, et qui, non content d'écorcher
les voyageurs qui se logeaient chez lui, les
faisait, paraît-il, complètement disparaître,
avec le concours obligeant des siens. Pendant
que le père finissait, comme nous venons de

le dire, sur la roue, le fils était décapité et la mère noyée dans l'Ill.

Parfois le supplice de la roue était, il est vrai, décrété par les juges, mais au dernier moment ils accordaient au coupable la faveur de la décollation et le bourreau n'opérait plus que sur le cadavre. C'est ce qui arriva, entre autres, à un tisserand qui fut exécuté en 1658 pour avoir assassiné une jeune veuve dans la maison de laquelle il avait pénétré pour la dévaliser.

Un fait rapporté par l'un de nos chroniqueurs à l'année 1622 nous montre comment les superstitions les plus étranges amenaient parfois d'horribles attentats. Le 24 janvier de cette année l'on tenaillait au fer rouge, puis l'on rouait vif devant le *Zollthor* un voleur de profession qui avait avoué le meurtre de quatre personnes. Sa dernière victime avait été une jeune femme enceinte qu'il avait égorgée pour l'unique motif de se procurer ainsi le talisman indispensable pour la réussite de ses opérations financières. En effet, les voleurs contemporains de la guerre de Trente Ans étaient persuadés que la possession du bras ou de la main d'un fœtus humain leur garantissait d'une part l'invisibilité, d'autre part la découverte de tous les trésors cachés, plus encore que le doigt même d'un pendu,

cueilli, sur le coup de minuit, dans les chaînes
d'un gibet. Parfois aussi l'on tuait simplement
un passant quelconque, pour lui enlever les
rognons et faire avec cette graisse humaine
des chandelles possédant les mêmes propriétés merveilleuses. Il faut parcourir dans
la longue série des in-folio du *Theatrum
Europæum* l'énumération annuelle des assassinats plus marquants commis durant la seconde moitié du XVII° siècle, pour se convaincre de la quantité de victimes qu'a coûté
cette incroyable superstition.

Nos sources mentionnent une seule fois un
supplice, plus terrible encore que celui de la
roue, appliqué à un assassin, mais cette exécution n'eut pas lieu à Strasbourg même et
Schad n'en parle que par ouï-dire. Il s'agit
d'un crime commis en 1556, par un prêtre,
sur la personne d'une paysanne des environs.
Celle-ci aurait révélé dans le confessionnal
qu'elle portait sur elle une grosse somme d'argent, et l'indigne ecclésiastique serait allé la
guetter dans un bois voisin de Strasbourg et
l'aurait tuée pour s'emparer de ses écus. Mais
le crime fut découvert, dit la chronique, et le
prêtre jeté dans une chaudière remplie d'huile
bouillante. L'anecdote et surtout le supplice
final sont-ils bien authentiques? Nous éprou-
vons quelques doutes à ce sujet.

Un des faits qui nous ont le plus frappé dans certaines affaires judiciaires relatées par nos sources, c'est un certain manque de discernement de la part des juges, qui font exécuter parfois des malheureux, irresponsables, à coup sûr, de leurs actes, et qu'une science médicale plus avancée n'aurait point permis de sacrifier à l'opinion publique mal informée. C'est ainsi qu'on décapite en 1604 un jardinier du nom de Jean Syffert, pensionnaire (*pfründner*) de l'Hôpital, pour avoir tué un enfant de douze ans, qu'il avait attiré dans sa cellule. C'était certainement un pauvre idiot, d'après tout ce qu'en dit Walther, et son exécution fut un assassinat judiciaire. L'erreur est plus manifeste encore dans la triste histoire du conseiller Wesener, qui eut lieu en 1650. Ce Jean-Jacques Wesener appartenait aux classes dirigeantes de la cité, car il faisait partie du Conseil des Vingt-et-Un. Le 8 juin au matin, il coupait la gorge à son petit enfant, âgé de quelques mois seulement, allait se livrer à la justice et, *cinq jours* plus tard, sa tête tombait sous la glaive du bourreau. Si jamais meurtre fut le résultat de la monomanie, ce fut celui dont Wesener se rendit coupable. Tout l'atteste, aussi bien le récit de la chronique de Walther que la longue complainte rimée, qui parut quelques mois plus lard à Francfort et dont notre Bibliothèque municipale possède un exemplaire, probablement unique. Le malheureux conseiller n'était pas riche ; déjà père de deux enfants, il apprit avec terreur que sa famille allait s'augmenter encore. Dès lors la misanthropie qui le travaillait depuis longtemps se changea en la conviction de mourir bientôt de faim, lui et sa famille, genre de monomanie qui se présente souvent de nos jours, chez les gens les plus aisés, quand leur équilibre intellectuel se dérange. Se croyant sous le coup de la malédiction céleste, il médite d'abord l'assassinat de sa femme, et pendant de longs mois il résiste avec peine au désir sauvage de l'immoler. Mais, dit-il plus tard dans ses aveux, grâce à l'intervention divine, je fus toujours retenu. Seulement une voix ne cesse de lui répéter qu'il gagnera le paradis en faisant disparaître le nouveau né. Il n'y résiste plus à la fin et un dimanche matin, pendant que tout le monde était à l'église, il immole le malheureux nourrisson, annonce tranquillement aux siens qui reviennent du sermon, l'horrible nouvelle, donne des ordres pour la sépulture de l'enfant, puis s'en va trouver ses collègues avec la prière d'en finir au plus vite avec son procès, afin de pouvoir jouir enfin du calme que le ciel lui a promis. Ces braves gens,

craignant évidemment qu'on ne les accusât
de partialité s'ils ménageaient un des leurs, se
hâtèrent d'accomplir les vœux de Wesener et
le malheureux fou fut décollé quelques jours
plus tard, comme s'il avait été vraiment un
grand criminel! En présence d'aussi tristes
erreurs on est bien forcé de se demander
combien de victimes innocentes ont dû périr
ainsi de par le monde avant que la science
moderne eut réussi à séparer parmi les assassins les malades d'avec les coupables. Aujourd'hui c'est plutôt, il est vrai, l'excès contraire qui se fait remarquer dans nos Cours
d'assises; nos médecins contemporains expliquent tous les crimes, ou à peu près, par un
« déséquilibrement » momentané de l'esprit,
et les criminels, à leurs yeux, ne sont plus que
rarement responsables de leurs forfaits. On
peut ne pas être inhumain et trouver pourtant
que des scélérats profondément pervers ob-
tiennent un peu trop souvent le bénéfice de
cette théorie, assez commode pour le jury,
mais passablement dangereux au point de vue
de la conscience et de la justice.

XVII.

Si le couteau, le poignard ou l'épée ont été
souvent employés à Strasbourg, à l'époque

dont nous retraçons les mœurs, il est un genre
d'assassinat que l'on ne trouve en revanche
que rarement mentionné dans nos sources :
nous voulons parler des empoisonnements.
Il y a pour cela plusieurs motifs, dont quelques-uns sont tout à l'honneur de nos ancêtres. L'empoisonnement est avant tout un
crime domestique ; à moins de circonstances
extraordinaires, il ne saurait se perpétrer en
dehors de la participation directe de l'entourage immédiat de la victime. Par suite, une
époque où les liens du mariage étaient re-
gardés comme sacrés plus que de nos jours,
où l'affection filiale était certainement plus
profonde, où les rapports entre maîtres et serviteurs étaient infiniment meilleurs, a dû
voir, par cela même, moins de tentatives
d'empoisonnement que nous n'en comptons
aujourd'hui. D'autre part la difficulté même
d'un crime pareil, alors que la chimie avait
fait encore si peu de progrès, empêcha sans
doute bien des tentatives coupables, qui se
produisent plus facilement à l'heure actuelle,
où les moins instruits reçoivent à l'école
quelques notions de toxicologie vulgaire. Que
d'empoisonnements en moins, par exemple,
avant l'invention des allumettes ? On ne voit
pas trop où les personnes désireuses de se
débarrasser d'un époux peu commode ou

d'un légataire qui s'obstinait à vivre, eussent puisé, sans grand danger pour elles-mêmes, les substances toxiques dont elles avaient besoin. Passe encore, si l'on avait été en Italie, pour se procurer les poisons de Borgia, ou même dans le Paris de Louis XIV, au milieu duquel la marquise de Brinvilliers expérimentait alors avec un calme effrayant les produits subtils distillés par ses complices.

Sans doute on trouvait à Strasbourg, comme partout, certaines substances donnant la mort. Il était facile à chacun de fabriquer du vert-de-gris, et l'arsenic pour la « mort aux rats » se vendait déjà au XVIIe siècle. Les Tsiganes errant par l'Europe au moyen âge, avaient semé en maints endroits les solanées dangereuses, le datura, la jusquiame et la belladone ; ce n'est pas en un temps où pullulaient les sorcières, qu'il manquait au village ou dans certains bouges urbains de vieilles femmes toujours prêtes à jouer, contre un large salaire, le rôle de fournisseuses et de confidentes criminelles. Mais tous ces poisons, difficiles à absorber, dénoncent, pour ainsi dire eux-mêmes, la main qui les a versés et leur effet n'est pas assez rapide pour empêcher les soupçons de la victime de naître et les accusations d'être formulées. La perspective de la torture pouvait, elle aussi, dans

ce cas spécial, arrêter les plus scélérats.
Quand une accusation si terrible pèserait sur
leur tête, ils savaient d'avance que la justice
n'accepterait pas si facilement leurs dénéga-
tions et qu'on les soumettrait assez longtemps
au supplice de l'estrapade ou de la poulie
pour leur arracher des aveux.

Toutes ces raisons combinées — et nous
avons eu soin d'énoncer les plus honorables
en première ligne, parce que nous y attachons
le plus de poids — ont fait sans doute que le
Strasbourg du XVIe et du XVIIe siècle n'a pas
vu se dérouler devant ses tribunaux des
affaires judiciaires pareilles à celles qui ont
passionné nos contemporains, les causes cé-
lèbres des La Pommeraie, des Demme, des
Palmer et des Bocarmé. Nous n'avons relevé
dans nos chroniqueurs que trois cas d'empoisonnement, et il est peu probable qu'ils
eussent négligé d'en mentionner davantage,
si réellement ils avaient été plus nombreux.
En 1589, c'est un aubergiste, établi au Vieux-
Marché-aux-Poissons, à l'enseigne *zur Wan-*
nen, qui est décapité, pour avoir empoisonné
sa femme. En 1659, c'est la femme d'un cha-
pelier, Madeleine Schott, qui est conduite en
prison pour avoir fait avaler à son mari et à
huit autres personnes des substances toxiques,
peu efficaces d'ailleurs, puisqu'aucune des

victimes ne succombe à cet attentat. Aussi, bien que le tribunal la condamne à mort, n'est-elle pas exécutée. Les avocats-généraux, consultés par le Magistrat, proposent de la faire battre seulement de verges, ce qui se fit au pied du gibet, dans la journée du 20 août 1659; mais bien des personnes — les maris surtout, s'il est permis de hasarder une conjecture — trouvèrent que c'était une punition trop débonnaire pour un pareil méfait. Un troisième cas enfin se produit en 1676. Le 25 février de cette année, l'on exécute par le glaive la veuve Madeleine Schadt, coupable d'adultère et de plus accusée d'avoir empoisonné son époux. Elle niait obstinément ce dernier crime, lorsqu'elle fut interrogée par les juges, et ce n'est que vaincue par la torture qu'elle finit par entrer en aveux. A peine décrochée de la poulie, elle rétracta ses dires, mais elle ne put résister à une seconde application de la *question* judiciaire, et finit par confirmer ses dépositions antérieures; il est vrai qu'elle aurait tout aussi bien confessé son crime, si elle avait été complètement innocente, et c'est ce qui démontre, non seulement l'odieux, mais l'absurdité de la torture.

Il nous reste à mentionner une dernière catégorie d'attentats contre la vie humaine, catégorie que nous avons reléguée à cette

place, parce qu'elle nous fournit une transition naturelle de ce chapitre à celui que nous
devons aborder maintenant, et qui traitera des
délits et des crimes contre la morale publique
et privée. C'est de l'infanticide qu'il s'agit.
On verra tantôt combien les lois et l'opinion
publique étaient sévères autrefois pour tout
désordre des mœurs. Cette sévérité, quelque
utile qu'elle fût sous d'autres rapports, avait
pourtant le fatal inconvénient d'augmenter
le nombre des nouveaux-nés sacrifiés par des
filles coupables, désireuses avant tout de
supprimer les témoins de leurs faiblesses.
L'amour maternel lui-même ne se réveillait
que rarement pour empêcher ces suppres-
sions clandestines, tant était grande et durable l'humiliation qui résultait pour ces malheureuses de leurs écarts de conduite. L'acti-
vité même de la justice, qui finissait le plus
souvent par mettre la main sur la coupable,
n'empêchait pas les infanticides de se répéter
sans cesse. Il est regrettable que nous ne
possédions pas une statistique exacte et dé-
taillée de ces cas homicides: il en ressortirait,
— nous le croyons du moins, — cette vérité
bizarre, qu'il y a deux siècles, alors que les
mœurs étaient infiniment moins relâchées à
Strasbourg que de nos jours, le nombre des
enfants illégitimes mis à mort immédiatement

après leur naissance, y était proportionelle-
ment bien plus considérable qu'il ne l'est
aujourd'hui.

Au XVIe siècle le châtiment qui frappait ce
crime était d'ordinaire la noyade. Encore au
siècle suivant les filles-mères et les femmes
mariées qui tuaient leurs enfants étaient préci-
pitées dans l'Ill du haut du pont du Corbeau.
C'est ce qui eut lieu, par exemple, le 20 mai
1615 et le 10 mai 1617. Mais dès 1615 nous
rencontrons également dans la Chronique de
Stœdel la mention d'une malheureuse décapitée pour le même méfait, et dans la suite
c'est ce dernier supplice qui demeure seul
usité. Il est rare que des circonstances attó-
nuantes soient accordées aux coupables; cependant nous en avons retrouvé quelques
exemples. C'est ainsi que le 23 juin 1665, on
se contente de battre de verges une jeune
bonne qui avait étouffé son enfant sous un
matelas. Dans le procès scandaleux du chirurgien Philippe Vogel, jugé en 1656 et dans
lequel furent impliquées à la fois une veuve et
sa fille mineure, cette dernière fut, elle aussi,
simplement fustigée sur la place publique et
puis condamnée à la réclusion, bien que les
quatre enfants, nés de ses relations avec l'a-
mant de sa mère, eussent été successivement
étranglés ou noyés de son aveu. Mais le tribu-

nal admit sans doute qu'elle avait agi sous
l'obsession continuelle de son triste entourage, et réserva ses rigueurs pour Vogel et sa
complice principale. Tous deux eurent la
tête tranchée.

Généralement la tentative même d'infanticide est punie de mort; le 6 mai 1636, une
jeune fille, Madeleine Hammerer, est décollée
pour avoir jeté son nouveau-né dans les latrines, bien qu'il en fut retiré encore vivant.
Le complice lui-même était frappé parfois
par la vindicte publique, et ce n'est pas assurément cette mesure judiciaire que nous
songerons à blâmer, quand trop souvent aujourd'hui les vrais coupables en pareille
occurence, les misérables séducteurs qui
abandonnent au moment fatal et la mère et
l'enfant, restent inaccessibles aux châtiments,
mille fois mérités, de la loi. C'est ainsi qu'en
1669 un habitant de Schiltigheim, l'aubergiste
au *Lion d'or*, est exécuté avec sa servante,
pour l'avoir aidée à enterrer vivant un pauvre
petit dans la cave de sa maison. Souvent ces
exécutions laissaient dans l'esprit des spectateurs des impressions pénibles et doulou-
reuses, en dehors même de la pitié qu'éveil-
laient naturellement en eux la jeunesse et
les charmes des pauvres condamnés. « Elle
était bien jeune encore » (*war gar ein junges*

Blut), répètent en mainte occasion les annalistes du XVIIe siècle, auxquels nous empruntons ces détails. Si telle était la disposition primordiale des esprits, quel effet horrible ne devait pas produire sur les assistants une scène comme celle qui se déroula sous leurs yeux le 3 juillet 1655, alors que le bourreau, chargé de mettre à mort la fille d'un menuisier, domicilié place de la Cathédrale, la frappa d'une main si mal assurée, que les trois premiers coups ne firent que des entailles profondes à la nuque, sans achever pourtant la patiente ! Effrayé par les cris déchirants de la victime et les hurlements de la foule exaspérée, l'exécuteur des hautes œuvres perd la tête, jette le glaive de justice et se met à courir à toutes jambes vers la ville ; il fallut le ramener de force au lieu du supplice pour achever sa triste besogne. On en parla long-temps encore dans les veillées, et le récit de Walther nous a conservé comme un écho de l'émotion publique.

Nous n'avons parlé ici que des mères criminelles appartenant aux classes populaires ou bien à la bourgeoisie, et l'on a vu quelle sévérité les tribunaux déployaient à leur égard. Un procès d'infanticide qui fit grand bruit à Strasbourg et dont les péripéties attirèrent même l'attention des courtisans du

Grand Roi à Versailles, nous permettra de
constater en terminant qu'en cette matière
aussi nos juges eurent parfois deux poids et
deux mesures, et que le crime des unes leur
parut simple peccadille quand ils trouvèrent
sur le front de la coupable une couronne de
comtesse. Ce ne sont pas les chroniques
seules qui nous ont raconté de ce procès
scandaleux, et nous avons tenu aux Archives
municipales la correspondance échangée à ce
sujet entre Louvois et le Magistrat de Strasbourg. Nous serions en mesure de donner sur
cette triste affaire les détails les plus circon-
stanciés, si le nom même de la coupable, fort
connu dans les annales alsaciennes, et que
portent encore aujourd'hui des rejetons de cette
famille, ne nous imposait une réserve, bien
naturelle d'ailleurs. Aussi ne la nommerons-
nous pas ici ; le nom ne fait rien en définitive
à l'affaire, et la morale reste la même, qu'on
exhibe brutalement la tache qui déshonore
un vieux blason ou qu'on essaie de la voiler
avec un sentiment de commisération respec-
tueuse. Donc c'était en août 1668. Une grande
dame alsacienne, séparée depuis quelque
temps déjà de son mari, que son inconduite
notoire avait lassé, revint à Strasbourg
après avoir vécu quelque temps à Durlach
dans la société d'un gentilhomme italien. Elle

donna clandestinement le jour à un enfant
dans notre ville et crut pouvoir cacher au
public cette faute nouvelle, en jetant le nouveau-né aux latrines. Arrêtée bientôt et convaincue de son crime, elle fut condamnée par
le tribunal à être frappée de verges, puis
expulsée de la cité. Jusqu'ici rien d'extraordinaire, puisque l'enfant avait été retiré
vivant. Mais on n'osa point lui appliquer en
réalité le châtiment dicté par les lois. Par
décision spéciale du Conseil, le bourreau lui
présenta seulement, dans sa cellule, les
verges théoriquement destinées à la frapper,
puis elle fut remise à sa mère, qui promit de
la mieux surveiller à l'avenir. Mais il paraît
bien qu'elle était d'un tempérament indomp-
table ou que la mère y perdit son latin, car
dix-sept ans plus tard, en 1685, la même
comtesse se retrouvait devant les juges strasbourgeois, inculpée d'un crime identique. On
avait trouvé dans sa chambre à coucher le
cadavre d'un nouveau-né, caché dans un pot
à eau, la gorge serrée par une jarretière. Vous
pensez peut-être que, cette fois-ci du moins,
justice fut faite et que la noble dame fut
traitée comme n'importe quelle pauvre rotu-
rière? Vous vous tromperiez pourtant. Malgré l'évidence, la coupable refusa d'avouer.
D'autres accusées auraient été conduites im-

médiatement dans la chambre de torture, mais pour elle on se garda bien d'user de tant de rigueur. Louvois d'ailleurs intervint depuis Versailles, intimant l'ordre d'étouffer le scandale. Les juges se bornèrent donc encore une fois à une véritable comédie judiciaire, en *présentant* leur prisonnière à la question, c'est-à-dire en lui faisant exhiber par le bourreau leurs poulies et leurs chevalets d'une façon tout à fait inoffensive. Puis ils la condamnèrent à douze ans de réclusion, réclusion qu'elle put subir dans la maison paternelle !

Des inégalités aussi criantes dans l'administration de la justice ne sont pas fréquentes, il est vrai, dans le passé de notre ville, mais elles ont existé pourtant, et leur souvenir blesse encore aujourd'hui nos sentiments d'équité et de justice. Il ne faudrait pas croire non plus qu'elles n'ont pas produit une impression déplorable sur les contemporains eux-mêmes, bien qu'ils fussent plus habitués que nous à voir les grands de ce monde se jouer impunément de la morale et du droit.

XVIII.

Ici commence un chapitre nouveau dans ce tableau succinct de la justice criminelle de notre cité, chapitre qui ne laisse pas de pré-

senter des difficultés sérieuses à l'historien, et
dont je n'aborde l'exposition qu'avec certaines
hésitations faciles à comprendre. C'est en effet
des contraventions et des crimes contre les
mœurs, des outrages à la morale publique,
des adultères, rapts, etc., que nous avons à
parler maintenant. S'il est impossible d'une
part de passer sous silence cet ensemble de
délits et d'attentats, pour peu que l'on veuille
traiter notre sujet dans son ensemble, il est
également évident qu'on n'en peut parler ici
de la façon qu'on le ferait, par exemple, dans
un recueil spécial de jurisprudence criminelle. La difficulté consiste précisément à ne
choquer aucune catégorie de lecteurs, quand
il y en a tant qui s'effarouchent à la moindre
allusion que l'on fait à ces choses contraires
à la vertu, quand il y en a d'autres qui, sur ce
chapitre, sont infiniment plus raisonnables et
quelques-uns même, à ce qu'on affirme, qui ne
sont jamais plus contents que lorsqu'on leur
sert un gros scandale. J'estime qu'en cette
matière, comme en bien d'autres, le chemin
du milieu est encore le plus sûr, et je tâcherai
de m'y tenir, demandant pardon d'avance à
ceux dont je froisserais néanmoins la délica-
tesse et leur faisant observer que nous quitte-
rons bientôt un terrain sur lequel il est si difficile de satisfaire tout le monde et soi-même.

On peut dire en général, et sans rien exagérer dans le sens de l'éloge, que les mœurs
du vieux Strasbourg valaient infiniment mieux
que celles du Strasbourg actuel. Le Magistrat
prenait fort au sérieux la s rveillance paternelle qu'il prétendait exercer sur la conduite
de ses sujets, et, l'influence de la Réforme
aidant, le XVI° siècle fut réellement parmi
nous un âge d'or pour la morale publique et
privée. Vous entendez bien, n'est-ce pas,
qu'il n'y eut pas rien que des anges en cottes
ou justaucorps établis dans nos murs, et il serait ridicule de pousser l'exagération jusque-
là. Mais il n'y eut pas d'époque dans notre
histoire où la conduite de nos ancêtres fût
plus réglée et où l'autorité judiciaire, aidée
par le corps pastoral, eut si rarement à sévir
contre des excès et des scandales insultant à
la morale publique. Il y avait à cela des motifs divers ; tout d'abord, à coup sûr, l'inten-
sité de la foi religieuse, puis les sévérités de
la censure ecclésiastique dont nous autres
modernes n'avons plus aucune idée, puis enfin les châtiments que les gouvernants de la
république infligeaient à tous ceux qui faisaient semblant d'oublier leurs ordonnances.

Ces ordonnances intervenaient dans toutes
les questions qui peuvent se rattacher à la
police des mœurs et en réglementaient, avec

force détails, les différents domaines. Impossible alors de corrompre les mœurs par des lectures frivoles ou par des productions indignes de s'appeler littéraires, comme nous les voyons éclore chaque jour autour de nous. Encore en plein XVIIIe siècle, où cependant les mœurs étaient déjà considérablement relâchées, l'ordonnance de 1738 frappait d'une grosse amende « les imprimeurs, les libraires et les colporteurs qui vendaient des livres irréligieux ou lascifs, et dont les auteurs auraient tenté de faire paraître le vice aimable ». Les chansons légères et obscènes étaient interdites dans les rues et dans les cabarets, et celui qui les faisait circuler, puni d'une amende. Promulgué une première fois en 1519, le règlement de police relatif à ces chants prohibés se retrouve plusieurs fois au XVIIe siècle, et nous l'avons rencontré encore à la date de 1708. En opposition avec le sans-gêne parfait des mœurs au moyen âge (quelques-uns de nos lecteurs se rappellent peut-être la célèbre description des bains de Bade en Argovie, que nous a laissée Le Pogge, auteur florentin du XVe siècle), le Magistrat réprimait également avec une sévérité consciencieuse les outrages à la décence publique qu'amenait l'habitude de se baigner dans la rivière. Il y était stimulé d'ailleurs par les représentations des pasteurs, et l'ordonnance de 1576, interdisant au public de se jeter à l'Ill dans l'intérieur des murs, a été prise, par exemple, sur la proposition du Convent ecclésiastique. Plus tard, il est vrai, au cours du XVIIe siècle, et pendant les saturnales de la guerre de Trente Ans, la jeunesse strasbourgeoise reprit cette coutume, au grand mécontentement des bons bourgeois qui habitaient sur les quais et étaient dérangés, durant les soirées d'été, par les clameurs et le vacarme de cette foule de baigneurs. Encore la décence publique ne paraît-elle pas avoir été notablement compromise, à voir l'indignation des auteurs de l'ordonnance du 26 juillet 1652, qui constatent « qu'aucuns poussent le dévergondage jusqu'à se jeter a l'eau sans vêtements ». Néanmoins il fut absolument défendu de se baigner dorénavant depuis les moulins des Ponts-Couverts jusqu'au pont Saint-Martin, près de la porte des Pêcheurs, à peine de trente schellings d'amende. Les séductions multiples de notre civilisation moderne manquaient également il y a deux ou trois siècles et ne pouvaient exercer l'influence corruptrice qu'elles exercent trop souvent, hélas ! sur la jeunesse actuelle. Pas de théâtres avec leurs ballets ; pas de cafés-chantants ; pas de cirques avec leurs amazones court-vêtues et leurs lutteuses en maillots couleur de chair. Le Magistrat veillait attentivement à écarter de chez nous toutes les exhibitions de ce genre. C'est ainsi qu'en juin 1587 nous le voyons interdire les représentations d'une femme venue du dehors et qui prétendait donner chez nous des séances de lutte et d'escrime. Il veillait même à la moralité de ses sujets jusqu'à défendre, par exemple, aux veuves de loger en garni des étudiants et des soldats, à peine de 50 livres d'amende. Cependant cette réglementation parut excessive, même à nos pacifiques ancêtres, et l'ordonnance du 2 septembre 1644 fut modifiée en ce sens que le tribunal de police (*Zuchtgericht*) pouvait autoriser des « veuves nécessiteuses et craignant Dieu » à loger chez elles des « étudiants pourvus d'un certificat de bonnes mœurs ». Si ce certificat s'obtenait aussi facilement alors que nous l'avons vu se délivrer sous le second empire, elles pouvaient loger à peu près tous ceux qui ne possédaient pas déjà leur casier judiciaire !

Evidemment l'on ne supporterait plus aujourd'hui toutes ces restrictions légales apportées à nos distractions quotidiennes, à tous les plaisirs plus ou moins licites et permis qui s'offrent de nos jours à la population des

grandes villes. Le gouvernement qui tenterait
de revenir à ces pratiques du passé, dans l'intention de restaurer parmi les citoyens cet
antique « ordre moral », échouerait infailli-
blement. Il est des courants qu'on peut endi-
guer fort longtemps (l'Angleterre et sa réglementation du dimanche nous en offrent un
exemple), mais qu'on ne refoule plus en arrière, une fois que les digues sont rompues.
Il est donc bien entendu que je ne réclame
rien de semblable et, pour un peu, je serais
prêt à m'apitoyer avec vous sur le triste sort
de cette pauvre jeunesse strasbourgeoise du
temps jadis, si totalement privée de distractions innocentes... et autres qu'un si grand
nombre regarde aujourd'hui comme indis-
pensables. Mais je puis constater d'autre part,
je le dois même pour rester fidèle à la vérité
historique, que ce régime de contrôle scrupuleux, cette surveillance quotidienne et sévère des mœurs privées et publiques ont été
fécondes en excellents résultats et o t réellement empêché l'immoralité de s'implanter
dans les masses. Nous en avons la preuve manifeste dans les statistiques officielles relatant
le mouvement de la population de notre ville,
statistiques qui nous sont conservées, d'une
façon plus ou moins complète, depuis le dernier tiers du XVIe siècle. En relevant sur les

listes de l'état civil le chiffre des naissances illégitimes de chaque année, on s'assure combien la pureté des mœurs devait être générale à cette époque ou du moins — je dis ceci pour messieurs les sceptiques — combien il devait être difficile de quitter le chemin de la vertu. Voici quelques-unes de ces données empruntées aux pièces officielles et prises, absolument au hasard, à travers une période de près de cent ans :

Années.	Naissances.	Naissances illégitimes.
1581. . .	934	4
1583. . .	891	6
1587. . .	863	9
1600. . .	961	10
1610. . .	1035	36
1622. . .	1409	9
1633. . .	1216	13
1642. . .	911	6
1656. . .	832	6
1670. . .	734	8

J'aurais pu continuer de la sorte, mais la proportion reste à peu près la même jusqu'au moment où la présence d'une forte garnison permanente vient déranger à la fois les mœurs et la statistique. On le voit, en comparant les chiffres cités plus haut, il est facile de constater que la proportion moyenne des naissances illégitimes relativement aux autres, est d'une

seulement sur quatre-vingt-dix à cent cinquante naissances. Elle était infiniment
moindre encore avant le déchaînement des
guerres de la fin du XVIᵉ siècle, puisqu'en
1581 on ne comptait qu'une seule naissance
résultant d'une faute pour 233 naissances légitimes. Cette proportion si hautement favorable et qui se maintient même au milieu des
horreurs de la guerre de Trente Ans, fléchit
un instant ainsi qu'on a pu le voir dans notre
petit tableau. En 1610, nous constatons une
proportionnalité notablement différente; il n'y
a plus, à cette date, que 28 naissances légitimes pour une de l'autre catégorie. Mais on
aurait tort, sans doute, de voir dans ce chiffre
la preuve d'une baisse notable de la moralité
publique. L'année 1610 vit en effet l'Alsace
ravagée par une guerre ruineuse entre l'é-
vêque Léopold d'Autriche et les princes de
l'Union évangélique ; les contrées de la Basse-
Alsace furent tout particulièrement maltrai-
tées par les mercenaires des deux partis, et
nous devons voir probablement dans le surcroît de naissances signalées à cette date le
résultat des violences exercées par les grossiers soudards de ces temps-là. Ce n'est donc
pas de ce chiffre isolé qu'il serait licite de tirer
des conséquences moins favorables à la vérité générale énoncée au début. Mais ce

13

chiffre lui-même donnerait encore des résultats brillants, si on le comparait aux données effrayantes de la statistique contemporaine. Personne n'ignore que le nombre des enfants nés en dehors du mariage forme aujourd'hui le quart du chiffre total, près du tiers même dans certaines grandes villes comme Paris. Et encore n'est-il pas permis malheureusement d'ignorer que les localités et les contrées où le nombre des enfants naturels est si considérable, ne sont pas, il s'en faut de beaucoup, celles où le dérèglement des mœurs a fait les progrès les plus effrayants, où la moralité publique est tombée le plus bas.

Nous avons tenu d'autant plus à bien accentuer cette situation, si flatteuse en définitive pour nos vieux Strasbourgeois, que forcément les détails dans lesquels nous devrons entrer, vont nous amener à marquer davantage le revers de la médaille. Nous trouverons, même dans le Strasbourg du XVIe siècle, suffisamment de gredins et de coquines pour réjouir le cœur du pessimiste le plus endurci ; il est à peine une des infamies signalées par les moralistes et les satiriques de tous les temps dont on ne puisse, un dossier à la main, constater l'existence, même à cette époque lointaine que j'appelais l'âge d'or de la moralité publique à Strasbourg. Mais ce sont, en majeure

partie du moins, des exceptions flétries par
l'opinion publique et sévèrement frappées par
la loi.

XIX.

Les lois strasbourgeoises, remaniées en partie sous l'influence immédiate de la Réforme,
sont très sévères au point de vue de la pureté
des mœurs. Il ne faut jamais l'oublier quand
on entend les moralistes ou les prédicateurs
du XVIe et du XVIIe siècle se plaindre du re-
lâchement et de la perversité de leurs contemporains. Que ce soit à tort ou à raison —
nous n'avons point à discuter ici ce problème
délicat — les gouvernants d'alors se sentaient
responsables d'une foule de peccadilles et
d'actes qui ne relèvent plus aujourd'hui que
de la conscience d'un chacun, et se croyaient
obligés par suite de sévir contre ceux qui ne
partageaient pas leurs scrupules. Il n'y avait
pas encore, à cette époque, des législateurs
proclamant le mal nécessaire et s'appliquant
à le patenter pour le plus grand bien de leurs
sujets. On ne songeait point dans les sphères
officielles à dériver l'immoralité clandestine
par l'immoralité permise, ou plutôt, si quelques uns des conseillers strasbourgeois y son-
geaient déjà pour protéger, disaient-ils, leurs
femmes et leurs filles (les procès-verbaux du

Conseil des Vingt et-Un en font foi), l'immense
majorité de leurs collègues ne voulaient admettre de semblables théories à aucun prix.
A leurs yeux la conduite morale des individus
était non seulement possible, mais obligatoire
vis-à-vis de la loi, et ils ne connaissaient de
meilleure barrière aux effervescences de la
jeunesse qu'une éducation pieuse et sévère,
l'absence de tentations et des mariages infiniment plus précoces que ceux de notre temps.
Ces époux d'aujourd'hui qui, bien souvent, ne
voient plus dans le foyer domestique qu'une
retraite d'invalide après de trop nombreuses
campagnes à Cythère, au lieu d'y apporter
une âme jeune encore et capable de goûter
tout le bonheur des affections légitimes, auraient grandement offusqué nos dignes ancêtres. Ceux-ci entouraient de leur respect
des familles comme celle du vieil ammeister
Wolfgang Schütterlin qui, vrai patriarche,
avait vu naître, dans le cours d'une longue
existence, dix-sept enfants, cent huit petits-
enfants, cent onze arrière-petits-enfants et
deux arrière-arrière-petits-enfants, soit un
total de 238 âmes, dont 141 lui survivaient
quand il mourut en 1612 dans sa quatre-vingt-
douzième année.

Aussi toute accointance entre les deux sexes,
non précédée de mariage, était-elle, de par

la loi, considérée comme criminelle et atti-
rait-elle sur les coupables non seulement les
censures de la morale et de l'Eglise, mais les
yeux de la police elle-même. La grande ordonnance de 1529, dans laquelle sont résu-
mées les principales dispositions légales relatives aux mœurs, interdit absolument tout
concubinage (*sur unehe sitzen*), tant aux
clercs qu'aux laïques. Elle oblige ceux qu'on
prend en contravention d'épouser leur maîtresse ou de se séparer d'elle sur-le-champ.
Le cas devenait plus grave s'il y avait eu sé-
duction d'une jeune fille, honnête jusque-là.
Pourvu qu'elle y consente et que les parents
accordent, eux aussi, leur consentement, le
coupable est tenu de l'épouser. S'il s'y refuse,
il payera d'abord une amende à l'Etat, puis
une grosse somme, à fixer par le tribunal et
qui sera versée, à titre de dédommagement,
à la victime. Si le séducteur est trop pauvre
pour payer, il ira réfléchir pendant dix semaines aux avantages de la vertu, au pain et
à l'eau, derrière les verroux de la prison. Si
c'est un homme marié, il sera passible en outre des peines qui frappent l'adultère. Toute
entremetteuse sera punie de la prison, mise
au pilori, puis bannie de la ville. Ceux qui
prêteraient leurs jardins à des rendez-vous
suspects, payeront une amende de cinq livres.

La loi impartiale protège d'ailleurs l'innocence du jeune homme autant que celle du
sexe faible. S'il peut prouver que c'est sa
complice qui l'a invité à outrager les préceptes de l'Ecriture et les prescriptions de la loi,
elle sera frappée, elle aussi, d'une amende
et de la prison. Ces séductrices dangereuses
seront d'autant plus sévèrement punies,
qu'elles seront plus jeunes, et des filles mi-
neures, reconnues coupables, devront être te-
nues enfermées, pour les empêcher de re-
tomber dans le vice. Ces lois n'étaient pas
promulguées pour la forme ; elles étaient sé-
rieusement mises en pratique, et la meilleure
preuve qu'on puisse donner, c'est que, dans
le cours du XVIe siècle, le nombre des cas de
ce genre cités dans les chroniques ou consi-
gnés dans les procès-verbaux est véritablement minime. L'honnêteté native des uns, le
strict contrôle de l'Eglise, la vie beaucoup
plus intime de la famille d'alors, la surveillance sévère du père, son chef naturel, facili-
taient la pratique de la vertu, et les mauvais
sujets — qui ne manquaient pas, à coup sûr
— en étaient réduits à chercher ailleurs,
comme étudiants, engagés volontaires ou
compagnons d'arts et-métiers, l'occasion de
se livrer aux fredaines qu'ils rêvaient. Les
principaux coupables dont les récits contem-

porains nous signalent l'existence sont des hommes d'Eglise, auxquels le célibat était prescrit et qui confirmaient par leur conduite le fameux mot de Pascal sur ceux qui, pour trop vouloir faire l'ange, font la bête. C'est ainsi qu'en 1529 le prieur du couvent des Guillemites était chassé de la ville pour avoir séduit la femme d'un pêcheur ; c'est ainsi encore qu'en 1564 Jean Nüscheler, doyen du chapitre de Saint-Pierre-le-Jeune, et Paul Graff, doyen du chapitre de Haslach, étaient mis en prison par le Magistrat, plus sévère, paraît-il, pour leur inconduite que leurs propres supérieurs ecclésiastiques.

Le spectacle change malheureusement au XVIIe siècle. La guerre des évêques, celle de 1610, la lutte trentenaire surtout, amenèrent une détérioration notable dans les mœurs de notre cité, et les autorités strasbourgeoises, loin de lutter contre la corruption des mœurs par leur propre conduite, semblent avoir donné trop souvent le mauvais exemple à leurs administrés. En 1611 nous voyons, par exemple, l'ammeister Henri Büchssner accusé d'impudicité, retenu quatre semaines durant, prisonnier dans sa propre demeure, puis convaincu d'une foule de méfaits et frappé d'une amende de mille florins, dont cinq cents furent versés à l'Hospice des Orphelins et cinq

cents durent servir à des boursiers de Saint-
Guillaume. En 1649, c'est un membre du Conseil des XV, Lazare Zelzner, que l'on conduit
en prison pour s'être rendu coupable d'immoralité En 1656 le bon Walther, se lamentant dans sa *Chronique* sur la marée montante
des vices contemporains, s'écrie : « Le docteur Scheydt a été mis en cage ; le docteur
Siegler est surveillé dans sa propre maison
par des soldats ; l'astronome Welper a été mis
au cachot. » Les femmes ne le cédaient pas
aux hommes sous ce rapport. En 1665 la
femme du pasteur Sattler est publiquement
battue de verges pour inconduite notoire ; en
1672 une « Madame Hærlerin » est conduite
au *Deimellhurm* pour le même motif, longtemps retenue prisonnière, puis condamnée à
40) florins d'amende. Si les couches sociales,
appelées alors, avec plus de raison que de
nos jours, les « classes dirigeantes », donnaient un pareil exemple, on pense bien que
le menu peuple laissait encore plus à désirer.
Les mentions de punitions diverses appliquées
à la répression de l'immoralité clandestine se
multiplient vers le milieu du siècle. Tantôt
c'est un jardinier, Benoît Ilirt, qui, déjà frappé
de verges pour conduite immorale, est repris
en flagrant délit, battu derechef par le bourreau, puis expulsé de la ville ; tantôt nous

voyons telle femme galante, dont le nom était
sans doute bien connu par les viveurs de son
temps, mais qu'il serait inutile de tirer aujourd'hui de la poussière des chroniques, exposée sur la « pierre au scandale » (*Laster-
stein*), fouettée publiquement et mise hors la
cité. Autrefois on plaçait également les malheureuses de cette catégorie dans le *Schand-
korb* déjà mentionné, qui fonctionnait au pont
du Corbeau. Quand ce dernier genre de punition fut aboli en 1588, l'exposition publique
eut lieu dans une espèce de cage transparente
placée près de la *Taverne alsacienne* actuelle, au Vieux-Marché-aux-Grains, vis-à-vis
des Grandes-Arcades, et l'on peut se figurer
l'affluence de flâneurs, de curieux et de commères réunis certains jours autour de ce mo-
nument vengeur de la moralité publique. Les
anciens moyens paraissant impuissants, on
en revint un instant à une coutume du moyen
âge ; l'ordonnance de 1660 prescrivait un
costume particulier aux filles qui avaient commis une faute, mais on ne retrouve point de
trace de cette mesure plus tard. Les époques
de l'année où le maintien des vieux édits
causait le plus de difficultés au Magistrat
étaient celles des grandes foires, surtout celle
de la Saint-Jean. L'ordonnance de 1529, ré-
pétée en 1594, avait banni de la ville, une fois

pour toutes, après un sévère emprisonnement
au pain et à l'eau, les femmes de mauvaises
mœurs qui tiraient leur gagne-pain de leur
inconduite professionnelle. Mais durant l'affluence des foires il leur était relativement
facile d'éluder la surveillance de la police et
de s'établir dans les auberges de la ville, sous
un prétexte quelconque, attirant les nombreux
étrangers et les jeunes gens de Stra-bourg
eux-mêmes. Walther mentionne à plusieurs
reprises de véritables razzias exécutées par
ordre du Magistrat contre ces *irrégulières* du
temps et les corrections énergiques qui leur
étaient appliquées par la main du bourreau.

Quand de ce commerce illicite naissait un
enfant, la loi frappait la mère ou les parents
d'une amende supplémentaire. C'est ainsi que
nous voyons en 1649 une jeune fille, nommée
Ursule Schell, condamnée à six livres d'a-
mende pour avoir été rendue mère par un
étudiant étranger à Strasbourg. Mais le cas le
plus curieux de ce genre, mentionné par la
Chronique de Schad, est celui d'une demoiselle Cléophé de Rathsamhausen, qui advint
en 1613. La jeune baronne s'était laissé sé-
duire par le secrétaire intime du baron, son
père, et vint à Strasbourg pour cacher sa
faute. On voulut mettre le malheur sur le
compte d'actes de sorcellerie pratiqués par le

coupable ; mais nous penchons à croire que
ce fut plutôt le mauvais exemple qui la perdit, le chroniqueur citant deux autres faits
identiques qui se passèrent la même année
au sein de la même famille. En présence d'un
scandale aussi criant, d'un exemple venu de
haut, et malheureusement trop suivi (*weil
solches wolle zu gemein werden*), le Magistrat
résolut — et cela lui fait honneur — de profiter de l'occasion pour frapper un coup d'é-
clat, qui apprit à tout le monde que les lois
étaient là pour être respectées. Mlle Cléophe
de Rathsamhausen fut donc condamnée à
deux cents florins d'amende. Mais le sire
Jean-Gaspard, son père, trouva la somme
énorme et se mit à négocier un rabais avec
le Conseil, sous prétexte que la faute n'avait
point été commise sur territoire strasbourgeois. On trouverait aujourd'hui bien bizarre
un marchandage pareil et l'on parla sans
doute un peu plus en ville du malheur de la
jeune baronne que ce n'aurait été le cas autrement ; mais du moins l'escarcelle seigneu-
riale n'eut pas à subir une saignée si considérable. Le Magistrat de Strasbourg, de guerre
lasse, et pensant peut-être qu'il ne convenait
pas, en définitive, d'estimer plus cher le dégât
que ne le faisait le père lui-même, consentit
à une réduction de cent florins, et dans sa

séance du 18 janvier 1614 adopta cette dernière somme comme tarif légal pour toutes
les affaires semblables.

XX.

Si les ordonnances du Magistrat s'occupaient avec tant de soin des célibataires de la
république et de la régularité de leur conduite, on pense bien que celle des gens mariés n'éveillait pas moins sa sollicitude. Les
liens du mariage étaient chose si sacrée pour
lui que les préliminaires même de cet acte de
l'état civil moderne devaient être absolument
respectés. Déjà la rupture d'une simple pro-
messe de mariage était considérée comme un
délit légal. Les procès-verbaux du Conseil des
Vingt-et-Un, de l'année 1625, sont remplis des
mésaventures d'un nommé Georges Hueflé,
qui devait épouser la boulangère près du *Zollthor* et qui, pris d'un besoin d'indépendance
soudain que beaucoup d'entre nous ont res-
senti à l'instant décisif où ils gravissaient les
escaliers de la mairie, s'enfuit alors que la
noce l'attendait à l'église. Il eut toutes les
peines du monde à obtenir son pardon. Près
d'un demi-siècle plus tard, en 1670, l'histoire
du *magister* Wild, pédagogue de l'Internat
de Saint-Guillaume et diacre à Saint-Pierre-

le-Jeune, fournit le sujet de conversations
nombreuses et de procédures judiciaires, ré-
sumées dans le journal du grave ammeister
Franço's Reisseissen. Ce trop volage théolo-
gien avait fait d'abord des promesses d'hy-
ménée à une demoiselle Schill ; mais il avait
rencontré plus tard sur son chemin des audi-
trices plus séduisantes ou plus riches, qui
avaient reçu de lui des ouvertures analogues
et même, disait la chronique, des cadeaux de
conséquence. Le président du Convent ecclésiastique trouva cette conduite peu délicate
pour un membre du corps pastoral et le dénonça au Conseil des XIII, qui suspendit ledit
Wild de son ministère, jusqu'à ce que l'affaire
eût été tirée au clair. La bonne demoiselle·
avait naturellement dit pis que pendre de
son ex-fiancé, et lui, de son côté, n'était point
resté en arrière, ne fût-ce que pour expliquer
sa défection. La tâche des conciliateurs officiels semblait donc très ingrate ; cependant
notre *magister* ne tenant pas à perdre sa
place, se déclara prêt à renouer avec Mlle
Schill et à prendre sur lui le joug matrimonial qui, avec des préliminaires pareils, ne
devait pas lui promettre un sort doux et léger. Mais la victime de ses mauvais procédés
se montra récalcitrante aux sommations ami-
cales des conseillers Mülb et Goll, commis

par leurs collègues pour examiner l'affaire.
Elle répondit par un refus catégorique. Le
tribunal matrimonial ne put donc que donner
acte à Wild de son bon vouloir, en le con-
damnant cependant aux frais de l'instance, et
en procédant, pour la forme, à une dernière
confrontation dont la colère intense de la
partie féminine fit une scène des plus pénibles. Malgré son repentir, le Magistrat ne
gracia pas cependant le malheureux pédagogue. Il trouva que ses lettres de soumission
officielles adressées au Convent ecclésiastique
ne respiraient pas une humilité chrétienne
suffisante et le remplaça finalement comme
diacre et comme directeur de l'Internat de
Saint-Guillaume. Du moins la ville libre impériale d'Esslingen dût à ce jugement sévère
un pasteur-président d'une grande éloquence
et d'une réputation considérable, car c'est
dans cette localité du cercle de Souabe que
se réfugia le pauvre démissionnaire, malgré
lui, dont nous venons de signaler les mésaventures. On voit par cet exemple combien
les gouvernants tenaient à ce qu'aucun enga-
gement ne fût rompu, une fois contracté. Assurément leur intervention pour des affaires
pareilles nous paraît aujourd'hui quelque peu
singulière et, du train dont vont les choses de
nos jours, nos tribunaux seraient bien occu-

pés s'ils voulaient intervenir chaque fois qu'un mariage se rompt avant d'être validé par la loi. N'oublions pas cependant que l'Angleterre et l'Amérique voient chaque année des centaines de cas analogues se plaider devant leurs jurys et se dénouer d'habitude par l'obtention de milliers de shellings ou de dollars aux pauvres *misses*, trahies dans leurs espérances matrimoniales.

Le mariage une fois sanctionné par la bénédiction de l'Eglise et l'inscription sur les registres paroissiaux, devenait plus inviolable encore et plus sacré. Les lois de notre vieille république le voulaient si pur et si respectable qu'ils ne permettaient pas que ce sacrement servît à cacher des fautes antérieures que le législateur moderne regarde pourtant comme entièrement réparées par le *conjungo* de M. le maire et la visite à l'église. Nous avons déjà dit autrefois que la découverte du carnet judiciaire de Jean-Jacques Reisseissen nous avait mis au courant des cas jugés à l'audience de l'ammeister. Ce carnet ne se rapporte qu'à l'année 1649, pendant laquelle l'auteur des notes qu'il contient, exerça la magistrature suprême de la république. Cependant le nombre des femmes et des maris cités à comparaître pour avoir escompté leurs droits conjugaux futurs est fort considérable. C'est à croire qu'alors déjà, comme encore aujourd'hui, presque partout dans nos campagnes, on ne se décidait à régulariser les situations que lorsqu'il y avait péril en la demeure. Ce sont surtout des coupables appartenant aux classes populaires, des tonneliers, serruriers, pêcheurs, etc., dont les épouses sont devenues mères trop tôt, de l'avis d'un gouvernement paternel et rigide. Mais tantôt ce sont les maris, tantôt leurs femmes qui sont frappés d'une à deux livres d'amende et de deux à huit jours de prison, sans que nous sachions pourquoi cette alternance.

L'ordonnance de 1529 punissait l'infidélité conjugale de quatre semaines de prison au pain et à l'eau, et de cinq livres d'amende. Si l'on récidivait après une première faute, c'était huit semaines de prison qu'il fallait subir et dix livres d'amende. De plus, le mari infidèle était déposé de toutes charges publiques et déclaré incapable d'en occuper d'autres à l'avenir. Si c'était la femme qui s'était rendue coupable d'adultère, elle se voyait frappée dans sa vanité mondaine d'une façon presque aussi sensible peut-être. Il lui était défendu de figurer dorénavant dans les bals, les réunions et assemblées publiques, etc. Les robes de soie, les broderies d'or lui étaient interdites à jamais, et qui sait si ces

prohibitions, en apparence si mesquines vis-
à-vis de la gravité de la faute, n'ont pas retenu plus d'une épouse sur le chemin du devoir, quand les sermons et les bons conseils
avaient perdu pour elle toute vertu coercitive
en présence d'une passion? Si cependant
cette seconde punition elle-même ne réussissait point à réprimer les mauvais penchants,
si l'adultère était commis pour la troisième
fois, les coupables étaient exposés au *Zucht-
hæuslein,* un jour de marché, « afin de servir
d'exemple aux bons et aux méchants », puis
expulsés de la ville avec menace d'être noyés
s'ils y revenaient jamais. La loi prévoyait cependant que dans certains cas on accorderait
aux bannis la permission de revenir à Strasbourg après une absence plus ou moins longue ; mais ils étaient avertis d'avance qu'au
moindre écart dont ils se rendraient coupables après leur rentrée, ils seraient punis de
mort, l'homme décapité, la femme noyée.
Les maris avaient en outre le droit de réclamer le bannissement de l'amant, pour la durée d'un an au moins, s'il était célibataire, et
leurs moitiés pouvaient, elles aussi, se payer
cette vengeance supplémentaire à l'égard des
bonnes amies de leurs époux. Par contre, la
peine la plus sévère était immédiatement
prononcée contre les deux conjoints, s'il était

14

établi que mari et femme s'étaient cynique-
ment entendus pour braconner, chacun de
son côté, sur les terres de l'amour coupable.
Une pareille insulte faite à la sainteté du lien
conjugal était frappée de mort.

Pour ces pénalités différentes, nous avons
réuni dans notre petit dossier judiciaire,
glané à l'aventure, des exemples d'applica-
tions très diverses de la loi. C'est ainsi qu'en
1618 Marthe Schreiner fut exécutée par le
glaive ; il est vrai que son procès, particulièrement scandaleux, révéla la profonde corruption d'une partie de l'aristocratie de la
cité. La Chronique de Saladin, qui malheureusement a péri dans l'incendie de nos bi-
bliothèques, racontait que cette femme galante dénonça vingt-sept maris, dont plusieurs
occupaient les premiers emplois de la république, dix-huit célibataires et trois veufs,
comme ayant eu ses faveurs. En 1641, la
jeune femme d'un boulanger subit le même
châtiment, malgré la culpabilité moindre et
le plus profond repentir. En 1672 l'aubergiste
de la *Hallebarde* vit sa moitié, convaincue
du même crime, simplement battue de verges. C'est la même pénalité qui frappa, en
1666, un batelier, coupable d'adultère avec
Marguerite Burtsch, la femme de l'orfèvre, tandis que, le 10 mai 1633, on avait fait tomber

la tête d'un des meilleurs praticiens de Strasbourg, du notaire impérial Daniel Strintz,
dont Walther lui-même ne peut s'empêcher
de faire l'éloge, en racontant ses passions
coupables et sa fin tragique. Au siècle précédent, en 1530, nous rencontrons même le cas
de Médard Ringel, l'un des *Herrenknechte* ou
vallets de la ville, qui récidiva jusqu'à trois
fois dans le cours de deux années, sans être
frappé d'un autre châtiment que la révocation
de son emploi après sa seconde faute et le
bannissement quand il s'y laissa choir une
troisième fois. Ce sont là des anomalies que
nous ne nous chargeons point d'expliquer,
mais qui trouveraient sans doute leur inter-
prétation la plus correcte dans l'humeur va-
riable des juges chargés d'appliquer la loi et
dans la fréquence des délits analogues, qui
déterminait la sévérité plus ou moins grande
de la justice de nos ancêtres.

XXI.

Il n'est que fort rarement question dans nos
sources d'un crime plus facile cependant à
perpétrer alors que de nos jours : nous voulons parler de la bigamie. A une époque où
les relations entre les divers pays de l'Europe
étaient encore si difficiles et où, d'autre part,

la production des papiers de famille était rarement demandée par l'ecclésiastique avant de procéder à la bénédiction nuptiale qu'on lui réclamait, rien ne devait être plus facile à un négociant, par exemple, que d'avoir plusieurs épouses disséminées par le monde. Il ne risquait guère de se voir poursuivre par delà les monts par une beauté vindicative et délaissée, et peut-être bien est-ce seulement à cette difficulté de constater le corps du délit qu'on en entend si peu parler. En dehors de quelques procès d'anabaptistes, dont les doctrines polygames excitaient même en ces temps moins d'indignation que leurs hérésies dogmatiques, nous n'avons rencontré que deux mentions de procès en bigamie jugés à Strasbourg. Le premier fut fait en 1520 à un nommé Cunon Clauss, de Segen, et le malheureux, dûment convaincu de posséder simultanément deux épouses, eut les yeux crevés par sentence du Magistrat. Un châtiment moins terrible vint frapper la coupable dans une affaire plaidée dix ans plus tard. Je dis la coupable, car dans ce second procès, c'était une femme qu'on accusait de se partager sciemment entre deux maris L'un des *régistrateurs* de nos archives au XVIIe siècle, le licencié Clussrath, a jugé le cas suffisamment curieux pour le résumer dans ses *Collectanées* inédits,

et c'est à lui que nous devons ce petit croquis
de mœurs qui ne laisse pas d'être original.
L'héroïne du drame conjugal en question,
Catherine Müller, était la fille d'un modeste
artisan de Strasbourg. Elle s'éprit d'un peintre en bâtiments, nommé Antoine Sechler,
qui réussit à l'enlever du domicile paternel,
fut assez honnête pour l'épouser après coup
et se mit à courir le monde avec la nouvelle
épousée. Il se lassa cependant d'une fidélité
sans doute inaccoutumée, et pendant qu'il sé-
journait à Worms avec sa jeune femme, il dis-
parut un beau jour sans prévenir qui que ce
fût, ni surtout sa moitié, de ce brusque départ.
La nouvelle Ariane revint tristement vers la
ville natale, plus à plaindre encore qu'à blâmer.
Mais ayant rencontré peu après un brave armurier, ignorant le passé, elle eut le tort de
l'oublier, ce passé, et de prendre Jean Preuss
en légitime mariage. L'union néanmoins aurait pu être heureuse, si le peintre, espérant
avoir dépisté sa victime, n'était rentré, lui
aussi, dans Strasbourg. Etait-ce besoin inné
de changement ou quelque reste d'amour
pour le premier mari, nous ne savons. Toujours est-il que la volage Catherine quitta su-
bitement son second époux pour revenir à son
ex-infidèle, qui l'accueillit, paraît-il, à bras
ouverts. Il n'eut pas cependant le temps de se

lasser de cette passion renaissante, car deux jours plus tard, Preuss voyait à son tour rentrer au domicile conjugal l'épouse qu'il croyait perdue et qu'il reçut avec plus de joie que n'en auraient montré bien d'autres. Malheureusement pour notre effrontée, le Magistrat fut informé de son alternance bizarre et se permit de trouver immoral un pareil ménage. Néanmoins son jugement fut, en somme, bien miséricordieux. Il décréta que Catherine s'en tiendrait dorénavant à son premier mari et qu'elle quitterait la maison du pauvre armurier, après avoir réglé le décompte de leur avoir commun. Il décida en outre que les deux coupables, la femme et le second mari — celui-ci pourtant n'était-il pas bien plutôt une malheureuse dupe lui-même? — seraient bannis pour deux ans de la ville, comme ayant méconnu la sainteté du lien conjugal, *weil die Frau sich einer Fickmülen gebrauchet*, dit naïvement le digne secrétaire de notre république.

Si l'adultère était généralement puni de mort, à plus forte raison cette peine frappait-elle les crimes analogues, qui nous arrêteront d'autant moins qu'ils semblent s'être produits assez rarement à Strasbourg. C'est ainsi que nous ne connaissons que trois procès intentés pour cause d'inceste. En 1610 un jeune homme

fut décapité pour avoir entretenu, six années
durant, des relations coupables avec sa ma-
râtre ; en 1656 une mère indigne fut également exécutée pour avoir abandonné sa fille
à son propre amant ; en 1660 enfin on trouve
dans Walther le récit de la décollation d'un
ouvrier en tabacs, puni pour commerce criminel avec sa fille âgée de vingt ans. Pour
les attentats aux mœurs, commis avec violence, la législation du moyen âge admettait
la compensation par l'amende ; c'étaient des
punitions pécuniaires calquées sur le *wer-
geld* des vieilles lois barbares. C'est ainsi que
nous voyons, même à la fin de cette période,
en 1493, un misérable, coupable d'avoir fait
violence à une jeune enfant, condamné seulement à payer à ses parents soixante livres pfennig. Mais bientôt après, la grande
ordonnance de 1529 frappait ce crime de la
peine de mort. La tentative seule d'un acte
pareil suffisait dorénavant pour entraîner la
condamnation capitale. En 1567 deux jeunes
jardiniers, pris de boisson, avaient rencontré
une paysanne sur la route d'Illkirch et s'ap-
prêtaient à lui faire un mauvais parti, quand
des passants accoururent à ses cris et l'arrachèrent à leurs mains; les deux coupables
n'en furent pas moins condamnés à mort par
le tribunal strasbourgeois, et si la décollation

n'eut pas lieu cette fois, c'est que le doyen du
Grand-Chapitre, le comte de Manderscheid,
intervint chaudement en faveur des condamnés et fit valoir comme circonstance atté-
nuante la non-réussite de l'attentat. Le Magistrat ne craignait pas de s'attaquer, le cas
échéant, aux plus puissants, pour faire respecter la morale outragée. C'est ainsi qu'en
1503, l'un des chanoines capitulaires, le duc
Jean de Veldence, avait enlevé la femme d'un
bourgeois de la ville et refusait de la lui rendre ; encore n'est-il pas dit par le chroniqueur, que ce fût contre le gré de la victime
qu'il la gardait chez lui. Mais le mari réclamait à grands cris son épouse et le Conseil
exigea qu'on fît droit à sa plainte. Le duc refusa d'abord, alléguant l'immunité des rési-
dences canonicales sur lesquelles le Magistrat
n'avait à exercer aucune juridiction. Mais
celui-ci maintint avec tant d'énergie sa demande, en l'appuyant de quelques bonnes
menaces, que le noble duc préféra se soumettre et que la pauvrette put ou dut rentrer
sous le toit conjugal. Une peine encore plus
sévère, la noyade du haut du pont du Corbeau, était édictée contre le mari qui tra-
fiquerait, contre argent comptant ou promesses quelconques, des charmes de sa
femme. Le même châtiment devait frapper,

d'après l'ordonnance de 1529, les misérables parents qui vendraient leurs petites filles à des débauchés. Ces prescriptions légales n'étaient malheureusement point superflues, et l'on est étonné parfois de voir combien la brutalité du moyen âge atteignait déjà la corruption raffinée des capitales contemporaines. On est plus étonné encore de voir avec quelle lénitude les tribunaux du moyen âge punissaient des turpitudes pareilles. M. Hegel nous a conservé un extrait du *Heimlich Buch*, datant de 1356, et qui nous relate le jugement porté contre une mère dénaturée qui vendit pour trois schellings sa fille à un prêtre indigne. L'enfant mourut à l'hôpital des suites de l'outrage subi, et néanmoins la coupable en fut quitte pour le bannissement perpétuel !

Nous verrions enfin, s'il était possible d'effleurer seulement ici pareille matière, les crimes contre nature fournir leur contingent au catalogue des vices du Strasbourg d'autrefois. A peu près inconnues parmi nous au XVIe siècle, ces passions semblent se répandre comme une lèpre à la suite des années de la grande lutte trentenaire. De 1647 à 1671 la Chronique de Walther ne mentionne pas moins de douze individus mis à mort pour ce motif. Au commencement, on les brûlait vifs ; plus tard, on les décapite et le cadavre seul

est réduit en cendres. Une anecdote curieuse
se rattache à l'un de ces tristes procès et l'on
nous permettra de la citer pour faire diver-
sion à ces ignominies. C'était en 1656; le
brasseur au *Soleil* venait d'être condamné à
mort pour le crime indiqué tout à l'heure.
Personnage riche autant que dépravé, il avait
imaginé, longtemps avant le roi Jérôme de
Westphalie, de prendre des bains dans du
vin du Rhin, parfumé d'épices, afin de rendre
de la vigueur à son corps flétri par les excès. Mais, comme il était néanmoins économe, il remettait, ses ablutions faites, le jus
de la treille en barriques et le faisait mettre
en vente au Marché-aux-Vins. Ce nectar «dé-
licieusement apprêté» acquit bientôt une
grande réputation par toute la ville; on se
pressait autour des tonnelets provenant du
Soleil, et l'on achetait ce vin de choix pour le
servir dans les grandes occasions, aux noces,
comme vin d'honneur, etc. Vous pensez quelles figures allongées durent faire certains
amateurs quand ce détail fut révélé au cours
du procès et combien de cœurs et d'estomacs
se soulevèrent au souvenir, à tout jamais flétri dans leurs mémoires, des joyeuses bam-
boches du passé. A coup sûr, personne, parmi
ses clients, ne pleura le coupable le jour où
il fut brûlé vif, et ce fait, secondaire en

somme, frappa tellement les contemporains
qu'il occupe à lui seul plus de la moitié de la
complainte rimée à l'occasion du crime du
brasseur et de son supplice.

Mais nous avons hâte de quitter des sujets
qu'il nous aurait été plus agréable de passer
entièrement sous silence, et que le désir de
donner un tableau à peu près complet de la
justice criminelle à Strasbourg a seul pu nous
faire aborder ici. C'est à d'autres sujets que
nous allons passer maintenant dans la dernière partie de notre étude, à des matières qui
touchent davantage à la vie publique, aux devoirs civiques des citoyens, à leurs obligations envers l'Etat et envers l'Eglise, et nos
lecteurs ne seront plus exposés à d'aussi vilaines rencontres que celles que j'ai dû leur
imposer, à mon corps défendant, dans les pages qui précèdent.

XXII.

On sait qu'en 1806, après la défaite d'Iéna,
le gouverneur de la capitale prussienne fit
afficher un placard, resté célèbre dans l'histoire de l'Allemagne contemporaine, et qui
débutait par ces mots : *Ruhe ist die erste Bür-
gerpflicht,* « le premier des devoirs civiques est
d'obéir en silence ». Cette maxime était éga-

lement, longtemps avant d'avoir été formulée
de la sorte, la ligne de conduite patronée
par le Magistrat de Strasbourg dans ses relations avec la population de notre petite république. La liberté de l'opinion publique, le
droit de manifester hautement sa manière de
voir sur les hommes et sur les choses sont des
conquêtes absolument modernes. Longtemps
d'ailleurs avant qu'on rêvât à Strasbourg d'une
presse libre, la population de notre cité passait pour être volontiers frondeuse dans le
domaine politique et friande de médisances
dans le domaine de la vie privée. Cette dernière catégorie d'attaques contre le prochain
émanait principalement, je regrette d'avoir à
le dire, de personnes appartenant au beau
sexe; elles semblent avoir été passablement
nombreuses, puisque nous ne trouvons pas
moins de sept ordonnances affichées sur nos
murs, de 1524 à 1627, défendant de « calom-
nier autrui, ou de léser méchamment et sub-
repticement son honneur par propos, discours, lardons ou en aucune autre manière. »
La fréquence même de ces édits prouve malheureusement qu'on ne leur obéissait guère.
Les punitions dont la loi frappait les coupables étaient l'amende et vingt-quatre heures
de prison au pain et à l'eau; parfois on y joignait encore l'exposition dans la guérite gril-

lée du pont du Corbeau, afin qu'ayant péché
par la langue, les coupables fussent exposées
à leur tour aux quolibets peu charitables des
commères de nos halles et de nos marchés.
Quand ces médisances avaient des conséquences plus fâcheuses pour la considération publique ou la paix domestique des personnes
atteintes, le tribunal frappait les délinquantes
d'une peine plus sévère. Un extrait du *Heimlich Buch* de l'année 1409 nous montre, par
exemple, qu'Agnès Glock fut bannie pour deux
ans de la ville et de l'évêché, afin de la punir
d'avoir médit « en paroles peu féminines » de
sa voisine Anne Gack et d'avoir ainsi détourné
de la malheureuse l'affection de son époux.

Mais ce n'est pas tant de ces petites querelles particulières, de ces attaques de la mal-
veillance privée que nous voulons parler ici.
Les mauvaises langues sont de tous les temps
et nous n'apprendrions rien à personne en
insistant sur ce côté délictueux des conversations de nos bons ancêtres. C'est de l'attitude
des citoyens vis à-vis des pouvoirs officiels de
l'Etat et de la conduite de ceux ci vis à-vis de
l'opinion publique qu'il importe de parler ici.
Cette attitude des gouvernants du XVIe et du
XVIIe siècle n'a rien qui puisse nous inspirer
aujourd'hui les moindres sympathies. Jusqu'au
moment où il fut renversé par la Révolution,

le Magistrat de Strasbourg a toujours été conservateur dans le bon comme dans le mauvais
sens de ce mot. Institués par la grâce de Dieu
et la volonté nationale, les Conseils admet-
taient à peine les critiques des représentants
légaux de la cité, des échevins, réunis à de
longs intervalles, en des moments particulièrement périlleux de notre histoire. Ils étaient
fort chatouilleux relativement aux attaques
dirigées contre leur manière de voir et d'agir,
et n'ont jamais permis que leurs concitoyens
jugeassent leurs procédés de gouvernement,
soit verbalement, soit par écrit, d'accord en
cela d'ailleurs avec tous les souverains des
temps passés et tous ceux des temps modernes
qui peuvent encore se passer ce caprice. Notre
Magistrat détestait surtout ces « individualités
sans mandat », les journalistes, pourtant bien
inoffensifs encore au XVIIe siècle, et rien n'est
plus comique que de voir le ton courroucé
de certaines ordonnances dirigées contre eux.
Ce n'étaient pas, bien entendu, les journaux
publiés à Strasbourg qui provoquaient ce
courroux. La petite feuille hebdomadaire lan-
cée dans le public par l'une de nos officines
locales, dès l'année 1609 au plus tard, n'était
pas faite pour exciter les inquiétudes gouver-
nementales, puisque la liberté de la presse
n'existait pas et que chaque page sortant

d'une presse strasbourgeoise était soumise
aux *Ober-Trucker-Herren* ou magistrats surveillants de l'imprimerie, qui donnaient ou
refusaient le bon à tirer. Toute publication
qui n'avait point passé sous les yeux de ces
censeurs était punie d'amende, de confiscation, voire même de retrait d'emploi. Une fois
censuré, le manuscrit ne pouvait plus être
modifié. Je me trompe, les édits permettaient
généreusement de corriger les fautes d'or-
thographe. La presse locale ne pouvait donc
guère troubler la quiétude du gouvernement
de Strasbourg. Mais les feuilles publiques
d'au delà de la frontière étaient alors déjà le
cauchemar de nos bons gouvernants. « Ce
n'est pas sans un pénible étonnement, dit
l'ordonnance du 6 juillet 1674, que nous
voyons depuis quelque temps paraître dans
les feuilles périodiques, publiées dans notre
voisinage, des correspondances absurdes et
même mensongères relatives à nos affaires
intérieures; cela provient uniquement de ce
que de nos jours tout le monde, sans aucune
différence de rang, se mêle d'écrire des ga-
zettes et veut se payer ce plaisir-là; mais
comme il en résulte de grands inconvénients
pour la chose publique, nous voulons et or-
donnons que tous ceux à qui leur position et
leur état ne le permet point spécialement,

s'abstiennent d'écrire dans les journaux, et
que les autres n'y mettent rien de dangereux
et de nuisible à notre ville. » On sent que le
Magistrat de Strasbourg adhérait d'avance à
la fameuse théorie de « l'intelligence bornée
des sujets » (*beschrænkte Unterthanenver-
stand*). formulée en plein XIX⁰ siècle par un
haut dignitaire de Berlin.

Ces publications hostiles, pamphlets, des-
sins ou chansons, avaient d'ailleurs bien de la
peine à pénétrer sur notre territoire. Tous les
messagers, facteurs ruraux, colporteurs am-
bulants qui se seraient permis de les offrir en
vente ou de les faire circuler clandestinement,
étaient passibles de peines sévères s'ils ten-
taient de troubler ainsi l'intellect des simples.
On s'étonnera peut-être qu'avec ces entraves
apportées à toute publicité, avec cette surveillance incessante, il y ait lieu de parler
encore de contraventions, de crimes même,
dans ce chapitre consacré à la médisance publique, aux attaques plus ou moins directes
contre le gouvernement et ses représentants
officiels.

Et pourtant rien ne paraît avoir été plus
fréquent au XVI⁰ et surtout au XVII⁰ siècle.
C'est qu'il restait aux mécontents un moyen
d'action, employé partout où la presse n'est pas
libre, où les citoyens n'ont pas le droit de se

réunir pour discuter sans réticences les affaires publiques, et de nos jours, comme alors, il a été mis en œuvre dans des circonstances exceptionnelles. Cette arme ou cet instrument de propagande, c'était le placard, l'affiche clandestine et diffamatoire, la *pasquinade*, pour l'appeler de son nom contemporain, surgissant on ne sait comment, sortant on ne sait d'où, attaquant sans qu'on sache contre qui se défendre, unissant la calomnie aux griefs plus ou moins fondés, circulant de main en main, sous le manteau, insaisissable souvent et dangereuse toujours. Aussi le Magistrat conserva-t-il sur ce point une législation draconienne, car il n'entendait pas qu'on harcelât ses membres et qu'on soulevât contre eux, par des menées ténébreuses, l'opinion de ses administrés.

Déjà les simples conversations entre buveurs étaient soumises à la surveillance ouverte ou clandestine des cabaretiers, auxiliaires forcés de la police, espionnant malgré eux leurs concitoyens assis sous leur toit. Les *cancans* politiques « pouvant échauffer les esprits et exciter les imaginations », l'ordonnance du 5 mai 1673 enjoignait aux brasseurs et aux aubergistes de dénoncer immédiatement à l'ammeister tous les propos dangereux qu'ils pourraient entendre dans les

tavernes. Espérons que ces braves gens fermaient un peu l'oreille quand leurs clients
s'échauffaient après boire et qu'ils faisaient
aussi rarement que possible le vilain métier
que les pères de la cité ne rougissaient pas
de leur imposer officiellement dans ces temps-
là. On n'entendait pas raillerie à Strasbourg,
ni ailleurs, quand on avait constaté chez un
simple particulier un pareil délit de paroles
malsonnantes pour l'autorité. Au XVIe siècle,
les châtiments corporels étaient encore souvent employés. C'est ainsi qu'on vit arriver à
Strasbourg, en 1543, une pauvre fugitive mes-
sine, à laquelle on avait coupé la langue parce
qu'elle avait mal parlé de Sa Sainteté le pape.
Parfois, il est vrai, faute d'appréhender le
coupable, on devait se résigner à laisser l'outrage impuni. En 1626, le sire Jean-Frédéric
de Landsperg ayant eu sans doute à se plaindre de nos aïeux, les appela rustres et j...f...
(*bærenheutter und hundsfutt*). Le Magistrat
indigné le cita à comparaître, « faute de quoi
il serait jugé digne lui-même des épithètes
dont il lui avait plu d'orner MM. de Strasbourg ». Peu sensible à cet affront purement
moral et moins désireux encore de voir nos
juges de plus près, Frédéric de Landsperg
resta tranquillement chez lui, et la citation
demeura vaine.

Si de simples gros mots soulevaient de pareilles colères, on pense bien de quelle humeur étaient reçues les accusations ouvertes ou les insinuations cach es contre l'habileté, la probité, l'honnôteté politique de la classe et des personnes dirigeantes. Ces accusations se produisaient tout naturellement dans les moments de crise politique ou religieuse, quand l'agitation des esprits était déjà grande, quand la confiance dans le Magistrat était déjà plus ou moins ébranlée. On peut se figurer l'émoi qui s'emparait de nos bons bourgeois quand la police trouvait le matin quelques-uns de ces *pasquins* attachés soit aux portes de la Cathédrale, soit à celles de la Chancellerie ou de l'Hôtel-de-Ville, qu'elle en arrachait des fontaines publiques ou qu'on en découvrait de çà et de là glissés sous la porte des maisons particulières. Que n'y disait on pas selon les circonstances et les époques? Tantôt le Magistrat préparait un égorgement de tous les catholiques, tantôt il avait vendu en secret la ville à l'Empereur ou bien au roi de France, tantôt il méditait d'affamer les pauvres gens au profit de quelques usuriers, ou bien encore c'était tel personnage marquant dans l'Etat, Dominique Dietrich par exemple, ou le syndic Otto, qu'on depeignait comme des traîtres de la pire espèce.

Tout bourgeois qui trouvait un pareil écrit (*pasquill*) dans la rue, sur un mur, à l'intérieur de sa maison, était tenu de l'apporter immédiatement à l'ammeister en fonctions. S'il en connaît ou s'il en soupçonne seulement l'auteur, il est tenu de le dénoncer; le gouvernement lui assure, en ce cas, le secret le plus absolu et deux cents thalers de récompense. Mais s'il se refuse à ce rôle de délateur, tout en connaissant le coupable, et qu'on dévoile ce dernier, ils seront frappés tous deux du même châtiment, qui, d'après les ordonnances du Saint-Empire Romain, ne pouvait être que la mort. Afin d'impressionner davantage encore les esprits, de provoquer des révélations plus nombreuses, l'Etat faisait appel au concours de l'Eglise, et les pasteurs devaient lancer contre les malfaiteurs inconnus une excommunication solennelle. Voici un court fragment de la pièce rédigée par le Convent ecclésiastique à une occasion de ce genre et lue dans toutes les chaires de Strasbourg le 18 décembre 1658: « O toi, misérable enfant de Bélial, je t'annonce la colère ardente et insupportable du Dieu très juste,..... je t'expulse par les présentes comme une brebis galeuse de l'étable de Jésus-Christ.... Anathème, anathème..., sois maudit jusqu'à la mort éternelle... Amen! »

On comprend aisément que sous la double
action du Magistrat et du corps pastoral, et
grâce au concours de tous les « honnêtes
gens » il devait être relativement facile. dans
une ville aussi petite que l'était Strasbourg,
il y a deux siècles, d'appréhender les pam-
phlétaires inconnus, et de les traîner devant
les juges. Sans doute il y avait de ces cas où
toutes les recherches étaient vaines. Ainsi
nous voyons qu'en 1587, durant la *Guerre des
Voleurs*, alors que les environs de la ville
étaient horriblement foulés par les lansquenets enrôlés au service de Henri de Navarre,
on attacha successivement aux portes de l'Hô-
tel-de Ville trois de ces pasquinades dans lesquelles le Magistrat était dénoncé, en fort mauvais vers du reste, comme traître à ses concitoyens Dans l'impossibilité d'en découvrir
l'auteur, le Conseil des Vingt-et-Un décida
philosophiquement qu'il était inutile de poursuivre l'enquête, et qu'il se résignait à ces
injures, puisque Sa Majesté Impériale elle-
même était obligée de les subir sans pouvoir
toujours les venger. Malheureusement cette
philosophie tolérante ne se retrouvait plus
aux heures du jugement des coupables, une
fois qu'ils étaient découverts et traduits en
justice. La Chronique d'Imlin nous a conservé
le triste récit du supplice d'un enfant de seize

ans, de Georges Frey, fils d'un pauvre artisan de la rue Thomann, qui fut condamné à être *écartelé* pour avoir semé dans les rues quelques placards contre le Magistrat. En considération de sa jeunesse, on lui trancha la tête et son cadavre seul fut mis en pièces, afin que le bourreau pût exposer les membres dans les carrefours voisins.

Mais le plus mémorable de ces procès fut et restera celui du docteur Obrecht, dont nous trouvons le récit fidèle dans le *Mémorial* de Reisseissen, son contemporain. Georges Obrecht était procureur au Petit-Conseil. Descendant d'une famille qui remplissait de hautes fonctions judiciaires dans la république, c'était un homme de talent et de savoir, mais ambitieux et mécontent du lent avancement que laissait entrevoir l'encombrement de toutes les carrières officielles. Père d'une nombreuse famille (il avait onze enfants) et sans fortune personnelle, il s'était aigri dans les difficultés sans cesse renaissantes de la lutte pour l'existence et se croyait poursuivi en outre par la haine ou l'antipathie de l'ammeister Dominique Dietrich. N'osant attaquer ouvertement un des plus importants personnages de l'État, il crut pouvoir se venger plus sûrement de celui qu'il regardait comme un ennemi, en l'attaquant par des pamphlets calomnieux qui se retrouvaient partout. A partir du mois d'août 1671, la ville fut dans un état de fermentation perpétuelle ; le Magistrat promit deux cents, puis cinq cents thalers à qui découvrirait le coupable qui rédigeait ses pasquins en plusieurs langues. Les tribus d'arts-et-métiers furent réunies et durent prêter serment de dénoncer l'auteur; les membres des Conseils eux mêmes participèrent à cet acte solennel, mais en vain. On continuait à trouver de ces papiers de droite et de gauche, mais de coupable point. Le 15 janvier 1672, un singulier hasard permit enfin de se saisir de sa personne. Le docteur Obrecht sortait de la brasserie de l'*Étoile*, dont le propriétaire était son ami, quand il laissa tomber de sa poche un petit carton devant la porte du stettmeister, M. de Bernhold, qui demeurait à côté. La servante du brasseur, qui l'éclairait de son fallot, lui fit observer qu'il perdait quelque chose. Obrecht lui répliqua que ce n'était rien et s'en alla, tandis que la jeune fille, naturellement curieuse, ramassait le document et l'apportait à son maître. C'était une des pasquins les dirigées contre Dietrich. Elle fut immédiatement remise à l'ammeister, Obrecht arrêté, et l'on trouva chez lui des pièces analogues qui ne laissaient aucun doute sur sa culpabilité. Aussi ne tardat-il pas à confesser sa faute, en implorant la miséricorde de ses juges. Mais le 5 février le Conseil prononçait la sentence de mort; la main droite du procureur devait être tranchée, son corps écartelé, puis exposé sur le gibet. Tout ce qu'il obtint fut d'être simplement décollé, sans que le bourreau le touchât de sa main et Reisseissen raconte que le pauvre procureur mourut avec un admirable courage.

Arrêtons-nous sur ce sanglant holocauste offert par nos pères à leur principe d'un gouvernement indiscutable et paternel à la fois, et constatons, une fois de plus, que les conditions de l'existence ont été changées parmi nous dans le sens du mieux. Assurément on refuserait de me prendre au sérieux si j'allais prétendre que nous jouissons actuellement d'une liberté de la presse absolue, mais du moins les gouvernants de nos jours ne songent plus à couper la tête aux frondeurs, et pour être encore parfois un peu trop paternels, ils ont généralement cessé pourtant d'être barbares. On plume encore parfois la gent populaire, on la met même à la broche, mais du moins on lui permet de crier.... doucement.

XXIII.

Si déjà les attaques écrites ou verbales contre le gouvernement étaient châtiées avec une sévérité aussi implacable, on comprend qu'il devait se trouver peu de personnes assez téméraires pour risquer des crimes politiques plus graves encore. La crainte d'une punition capitale n'était pas d'ailleurs le motif dominant du *loyalisme* strasbourgeois, et nous calomnierions nos ancêtres en donnant une explication pareille à l'absence de tout véritable procès de haute trahison pendant les longs siècles de notre histoire moderne. Les Strasbourgeois — nous avons assez de défauts pour avoir le droit d'accentuer aussi nos vertus — ont eu de tout temps un caractère ouvert, répugnant aux intrigues clandestines et aux coups de violence. Ils ont été souvent mécontents, irrités de la domination qui pesait sur eux, et chaque fois qu'ils se sont sentis assez forts, ils se sont soulevés, les armes à la main, pour chasser l'oppresseur. Ils en ont agi de la sorte, en 1261, avec le pouvoir épiscopal, en 1332 avec le pouvoir exclusif de la noblesse, en 1419 avec le patriciat urbain. Mais quand ils se sont vus les plus faibles, ils ont dédaigné les menées ténébreuses et les conspirations, et sans se réconcilier davantage pour cela avec les coups de la fortune, ils sont restés calmes, résignés, tenaces et tranquilles. Peu de populations aussi nombreuses ont été aussi faciles à gouverner dans le passé, et peu de cités ont vu l'ordre matériel aussi rarement troublé, même au milieu des mouvements révolutionnaires et au lendemain des pires catastrophes. C'est à peine si nous rencontrons à certains moments une véritable effervescence populaire, comme après la défaite de Mühlberg en 1547, alors que Charles-Quint réclame au Magistrat une partie de la belle artillerie strasbourgeoise, ou bien encore lorsque, au siècle suivant, en 1678, le maréchal de Créqui canonne les forts du Rhin, près de Kehl, pour en chasser les troupes de la ville. Les masses qui se portent alors en vociférant vers l'Hôtel-de-Ville ne sont pas d'ailleurs uniquement inspirées par leur colère anti-gouvernementale ; il s'y mêle un sentiment patriotique intense, une indignation légitime qui ne permet pas d'être trop sévères contre ces émeutiers d'un jour. Le Magistrat le sent bien lui-même et n'emploie que les bonnes paroles et les sages conseils pour calmer ses concitoyens. Jamais il n'y eut, depuis la fin du moyen âge, une tentative violente quelconque pour changer la constitution de la

république, quelque étroite et oligarchique
qu'elle fût devenue dans le cours des siècles.
Le seul fait qu'on pourrait citer au besoin,
comme rentrant dans ce chapitre, puisqu'il se
termina par une exécution sur le *Henkersbühl*
de Strasbourg, n'appartient pas, à vrai dire,
à notre histoire locale. Il s'agit du procès de
Jean-Jacques Schütz, sujet strasbourgeois, qui
fut écartelé vif en 1525, après la Guerre des
paysans, pour avoir essayé de livrer Schlestadt aux bandes des révoltés. Le crime de
haute trahison naissait ici de l'antagonisme
social et non d'une pensée politique; peut-être même était-ce simplement la soif vulgaire
du pillage qui poussa le malheureux à cette
félonie.

Si nous n'avons pas trouvé à constater, dans
l'histoire moderne de notre ville, des actes
sérieux de violence et de révolte, commis par
les sujets à l'encontre des gouvernants, nous
devons constater de même que l'on n'a point
à en reprocher à ceux-ci. Les grands empires
ne sont pas seuls exposés aux coups d'État,
et les annales des petites républiques en ont
enregistré un bon nombre. Rien n'empêchait,
en théorie, Strasbourg d'avoir un jour son
ammeister rebelle, comme Gênes eut son
Fiesque, Venise Marino Faliéro, Lübeck son
Jürgen Wullenweber. Ce n'est pas tant à l'é-

troite limitation de leurs pouvoirs — car à
Venise aussi les doges n'avaient guère de
puissance réelle — qu'au caractère strasbourgeois, avec ses bons et ses mauvais côtés, que
l'on doit un état de choses si propice au bonheur de la cité. Sans doute, ni l'ammeister ni
les stettm ister ne pouvaient espérer faire
triompher légalement autour d'eux une politique personnelle, ni exercer un pouvoir sans
contrôle, mais il semble même que jamais
aucun d'eux n'ait tenté de conquérir une situation pareille. L'affection de tous pour les
lois existantes, le long apprentissage qui me-
nait aux fonctions suprêmes, le respect de la
légalité, même dans ses formalités les plus
puériles, contribuaient également à écarter
ce danger. Pour signaler la seule fois où
Strasbourg semble avoir été menacé d'une
pareille usurpation de pouvoirs, il nous faut
rétrograder jusqu'en plein moyen âge, jusqu'à
l'année 1385 où trois riches patriciens, Jean
Kantzeler, Walther Wassicher et Philippe
Hans, conçurent, dit-on, le projet de ren-
verser le Conseil de la Ville et d'exercer une
espèce de dictature. Mais les confréries d'artisans se levèrent en armes et forcèrent le
triumvirat à quitter la ville, dont il fut banni
pour dix ans. Huit ans plus tard, un autre
puissant du jour, l'ancien ammeister Cunon

Müller, fut accusé par ses concitoyens d'être
en correspondance secrète avec l'evêque Frédéric de Blanckenheim et de vouloir trahir la
cité. Il fut condamné par le Conseil à la réclusion perpétuelle et mourut en prison après
une captivité d'une dizaine d'années. Ces deux
exemples suffirent pour inspirer à l'avenir une
crainte salutaire à tous ceux qui auraient été
tentés d'imiter un si mauvais exemple. Aussi
les quelques faits que nous pouvons citer pour
le XVIe et le XVIIe siècle ne rentrent-ils pas, à
vrai dire, dans la catégorie des *crimes* politiques; on peut tout au plus les qualifier de
délits. Qu'est-ce autre chose, par exemple,
que le procès de Jacques Clago, membre du
Conseil des XXI, arrêté en 1527, par ordre des
XV, pour avoir trahi les secrets des délibérations de ses collègues? Un bavardage, regrettable assurément, mais enfin un simple
bavardage, commis peut-être sans malice, sur
l'instigation d'une épouse trop curieuse, et qui
fut d'ailleurs regardé comme inoffensif, puisque le pauvre homme ne fut frappé que d'une
amende de cinq livres.

Plus grave sans doute est l'affaire de Frédéric Prechter, ce membre du Conseil des XV,
qui, durant les moments les plus difficiles de
la Guerre des évêques (1591-1593). s'efforça
de semer la zizanie parmi les Conseils et finit

par être destitué de ses charges; mais au fond Prechter n'était qu'un ambitieux grincheux, ce n'était pas un traître. On ne peut guère appliquer non plus cette qualification blessante à Sigefroi de Bytenheim, membre du Conseil des XXI, qui fut mis en arrestation en 1544, au moment de la dernière campagne de Charles-Quint contre François Ier, sous l'inculpation de haute trahison. Au moment de la déclaration de guerre, le Magistrat avait fait publier l'édit impérial qui défendait, sous peine de forfaiture, toutes relations avec les émissaires ou les agents de la France. Néanmoins M. de Bytenheim reçut chez lui et garda durant quelque temps en secret dans sa maison l'un des nombreux chefs de lansquenets qui combattaient alors à la solde du roi ou s'en allaient par toute l'Allemagne protestante lui recruter des mercenaires. Cet agent militaire, Jean d'Ast, fut découvert par la police strasbourgeoise pendant ce séjour plus ou moins prolongé, et son hôte, tenu prisonnier d'abord dans sa propre demeure, fut privé de ses charges honorifiques et vit tous ses biens confisqués. C'était durement punir une contravention sans danger direct pour la ville, puisque ce n'était pas contre Strasbourg que François Ier songeait à mener ses troupes. Aussi le conseiller ne fut-il sans doute frappé de la sorte que pour éviter à la république la defaveur de Sa Majesté Impériale; ce qui le prouve, c'est que dès l'année suivante, après la paix de Crespy, M. de Bytenheim fut gracié par ses collègues et rentra en possession de ses propriétés.

Au XVIIe siècle, dans sa seconde moitié surtout, alors que les inquiétudes de la ville libre, serrée comme dans un étau entre les deux maisons belligérantes des Habsbourgs et des Bourbons, étaient constantes, il n'est pas étonnant que les accusations de trahison se soient répétées bien souvent à mi-voix et qu'on ait dirigé contre certains hommes d'État les inculpations les plus précises. Les hommes les plus respectables, tels que Dominique Dietrich, Marc Otto, Georges de Zedlitz, ont été aussi peu épargnés que ces gens de demi-vertu qui se retrouvent à toutes les époques de crise et de révolutions, sachant profiter de la ruine même de leur patrie pour avancer leurs ambitions personnelles. Il en manquait alors à Strasbourg aussi peu qu'il en manqua plus tard, et les noms d'un Ulric Obrecht, d'un Christophe Güntzer surtout, furent alors et sont encore pour plusieurs, à l'heure présente, synonymes de traîtres. C'est à leur vénalité coupable, à leur concours secret que l'Allemagne de 1681 imagina d'attri-

buer la perte de Strasbourg, et nul doute que
s'il se fût produit en ces temps un revirement
impossible dans les destinées de notre ville,
ces fonctionnaires et ces diplomates n'eussent
été hautement accusés de trahison et traduits
en justice pour satisfaire aux inimitiés impériales. Et cependant, même dans cette dernière crise de la petite république, s'il y eut
des défaillances, des lâchetés peut-être, il n'y
eut pas de trahison. Une étude approfondie
des derniers jours de la ville libre impériale
de Strasbourg nous a donné là dessus la conviction la plus entière; d'ailleurs, comment
Louis XIV aurait-il eu besoin de connivences
coupables contre une cité sans défense et que
les trente mille soldats de Louvois suffisaient
à réduire? Nous tenons par suite pour absolument calomnieux tous les bruits répandus
alors et depuis sur le concours, acheté à prix
d'or, d'une partie des gouvernants de Strasbourg, et si l'on s'explique facilement comment ils prirent naissance, rien cependant
ne permet à l'historien sérieux d'y ajouter
créance. Il faut être juste, même envers les
futurs courtisans de Versailles, même envers
ceux qui n'hésitèrent pas à renier leur foi
pour obtenir des places ou des pensions de la
main du Grand Roi. C'est à ce verdict de non-
culpabilité que les historiens se rallient de

plus en plus aujourd'hui, sauf quelques rares
publicistes d'outre-Rhin, qui ne peuvent se
résigner à débarrasser leur bagage de ces fa-
bles convenues. On le voit, le chapitre des
procès politiques, faits ou à faire, est décidément très maigrement représenté dans les annales judiciaires de Strasbourg, et cela est
tout à l'honneur de nos compatriotes.

XXIV.

Les populations de la grande vallée rhénane ont montré de tout temps un penchant
prononcé pour les problèmes religieux. C'est
là qu'au moyen âge nous voyons surgir les
grands docteurs mystiques et les prédicateurs
populaires, un Nicolas de Bâle, un maître
Eckart, un Tauler, un Thomas a Kempis, un
Geyler de Kaysersberg. C'est là que pullulent
à la même époque les hérétiques, Vaudois,
Ortliebiens, Beghards, Henriciens, Frères du
Libre-Esprit, malgré les violentes persécu-
tions dirigées contre eux. C'est encore sur les
bords du Rhin que les sectes nées de la Réforme, Anabaptistes, Schwenkfeldiens, etc.,
recrutent, pendant de longues années, leurs
plus fervents adeptes.

Nos ancêtres strasbourgeois se sont distingués, eux aussi, par leur attachement aux pra-

tiques religieuses et par leur respect pour les
choses de la religion. Très décidés à séparer
les affaires temporelles des affaires spirituel-
les, — ils le montrèrent sur les collines de
Hausbergen, en 1262 — les magistrats de la
vieille ville impériale ont toujours veillé avec
un soin jaloux à ce que, chez eux, on rendît
à Dieu ce qu'on devait à Dieu. On les voit au
besoin forcer les prêtres à fonctionner, comme
au temps des luttes entre Louis de Bavière et
Frédéric d'Autriche, afin que leurs sujets ne
fussent point privés de consolations religieuses. Mais ils entendaient par contre qu'aucun
de leurs administrés n'essayât de se soustraire
à l'accomplissement de ses devoirs ecclésiastiques. Parmi les plus anciennes ordonnances
manuscrites du XIVe et du XVe siècle, conservées aux Archives municipales, nous en
trouvons de sévères pour punir toute désobéissance à cet égard, pour réprimer toute
infraction au repos dominical, à la sainteté
des fêtes de l'Eglise, etc. Nos chroniqueurs
aussi nous ont transmis plus d'un fait à l'ap-
pui de ces sévérités législatives, sans qu'il soit
besoin de remonter jusqu'à l'inénarrable et
grotesque légende de saint Gangolphe, si naïvement racontée par Kœnigshoven, le bon
chanoine de Saint-Thomas.

La Réforme, loin de diminuer la ferveur de

nos pères, l'augmenta dans des proportions
notables. Les pouvoirs publics, s'associant
avec ardeur aux doctrines nouvelles, veil-
lèrent avec plus de zèle que jamais à ce que
les préceptes de l'Evangile, tels que les comprenait cette époque, fussent appliqués dans
la vie privée. Toute une série d'ordonnances
de la première moitié du XVIe siècle s'occupe
de la sanctification du dimanche, de la répression de l'incrédulité, et des doctrines per-
nicieuses et anti-chrétiennes. Les peines afflictives et infamantes frappent également ceux
qui abusent du nom de Dieu dans les transactions journalières ou même dans un moment
de colère aveugle.

Une des plus explicites parmi ces proclamations officielles est l'ordonnance du stettmeister Hans Bock, en date du 28 avril 1535. Elle
enjoint aux citoyens de s'abstenir de toute
promenade dans les rues, aux cimetières, sous
les Arcades ou devant les boutiques des re-
lieurs, autour de la Cathédrale, pendant la durée du service divin. Tout individu rencontré
badaudant dans les rues à ce moment, paiera
trois schellings d'amende. Encore moins est-
il permis de se soustraire à cette surveillance
gênante en quittant la ville *avant* le service
du matin. Quiconque se permettrait d'aller à
la chasse ou à la pêche avant que le prêche

soit terminé et que la Sainte-Cène ait été cé-
lébrée, sera passible d'une amende de dix
schallings.

La sollicitude du Magistrat ne s'étendait pas
d'ailleurs à ses sujets urbains seulement. Il
n'oubliait pas qu'il y avait des fidèles auxquels
on pouvait difficilement défendre d'aller à la
campagne, puisqu'ils l'habitaient déjà. Mais
ils étaient contrôlés soigneusement dans leur
conduite dominicale, tout comme les autres.
Cela semble même avoir été plus nécessaire
que pour les habitants de la ville, si nous en
croyons l'ordonnance de 1535. Il y a dans ce
document un passage qui nous donne une
idée assez pittoresque d'une petite église protestante de village du XVIe siècle. Le sujet
mériterait de tenter un peintre de genre ha-
bile, comme notre Alsace en a tant produits.
Il paraît qu'à cette époque déjà, certains
pasteurs cultivaient de préférence le genre
ennuyeux. Pendant qu'ils prêchaient, leurs
paroissiens étaient assis sur les murs, les
tombes ou les bancs du cimetière, quelquefois
sous le porche ouvert (*laube*) de l'église, à
causer, à rire, à s'entretenir des mille riens
qui agitent le plus petit village, tout comme
la grande ville. On jasait, on jouait, on faisait
même un brin de cour aux jeunes filles, à ce
qu'affirme le stettmeister Bock, qui trouve

naturellement cette conduite fort inconvenante. D'autres, plus hardis, se plaçaient à la porte même de l'église et, parcourant du regard le petit nombre d'auditeurs que renfermait l'enceinte sacrée, ils faisaient des gloses plus ou moins irrévérencieuses, troublant également le pasteur et les ouailles. Quelques-uns, tout à fait endurcis, n'allaient même pas jusqu'au cimetière, mais s'arrêtaient en chemin dans l'auberge du village. L'ordonnance défend toutes ces contraventions sous peine d'une amende de trois schellings, et elle charge les maires de village (*schulthetss*) d'en surveiller sévèrement l'application. Ces représentants de l'autorité auraient eu mauvaise grâce cependant à se montrer trop sévères, puisque le même document leur reproche à eux-mêmes de siéger et d'expédier les affaires à l'heure des offices, alors qu'ils devraient donner l'exemple de la piété à leurs subordonnés. Et si par hasard ils étaient pris d'un beau zèle pour la maison du Seigneur, qu'arrivait-il ? Le rapport de la Commission ecclésiastique, chargée dans cette même année 1535 de visiter les villages de la République, nous permet de le deviner. Il raconte que, à Illkirch par exemple, les jeunes gens s'esquivent au moment du sermon, depuis qu'on les empêche de s'amuser et courent aux

villages papistes les plus proches, où le curé,
plus indulgent, leur permet de danser.

Dix ans plus tard, l'ordonnance du 15 juin
1545 s'avisait de restreindre les jouissances
gastronomiques de nos ancêtres, afin de ga-
rantir plus efficacement la sanctification du
dimanche. Ce jour-là les aubergistes pouvaient
bien servir à leurs clients du vin, du pain, du
fromage et des fruits, mais non des rôtis et
du poisson, puisqu'ils réveillaient trop l'esprit bachique et les poussaient à des cris et
des clameurs indécentes. Les dépositaires du
pouvoir voulaient-ils indiquer simplement par
là que les fritures donnent soif, ou tentaient-
ils d'empêcher de la sorte la fréquentation des
auberges le dimanche soir, en refusant un repas plus substantiel aux buveurs forcenés qui
ne pouvaient rester à domicile ce jour-là?

La grande ordonnance de police de 1628,
la plus importante de toutes celles du XVIIe
siècle, résume les prescriptions antérieures,
en y ajoutant de nouveaux détails. Il y est enjoint à tous les bourgeois, vassaux et sujets de
la ville de fréquenter les services religieux
plus assidûment que par le passé, d'assister
aux cultes de la semaine et tout particulièrement au *fruegebett*, qui paraît n'avoir été que
fort mal suivi. On y rappelle également aux
fidèles l'obligation de rester à leur place «jus-

qu'à l'entier achèvement du cantique de louanges, à la sortie »; cela nous prouve que le travers si gênant qui pousse aujourd'hui certains auditeurs des deux sexes à quitter le temple au moment où le prédicateur a dit: Amen! existait déjà il y a plus de deux siècles.

Les parents et les patrons ne doivent pas seulement aller eux-mêmes au culte, mais encore y mener leurs enfants, leurs apprentis, leurs domestiques et leurs servantes. Ils doivent surtout envoyer « la chère jeunesse » à l'École du Dimanche (*Kinderbericht*). Quand les enfants faisaient l'école buissonnière ou qu'ils manquaient au chœur, on leur imposait — c'est-à-dire que leurs parents devaient payer — une forte amende. C'est ce que fit, par exemple, la dernière abbesse protestante de Saint-Etienne à Strasbourg, Mme Eve-Salomé de Fürdenheim, qui faisait payer, en 1691, une livre pfennig pour chaque manquement de cette nature. En général les enfants et les adolescents étaient autrement bien surveillés et tenus en bride par l'autorité d'alors que ne le sont de nos jours ces pâles *voyous* aux regards effrontés, qui nous bousculent dans les rues, et ces misérables petits drôles, de huit à dix ans, que nous rencontrons partout, la cigarette aux lèvres et le vice estampillé sur la face, nous préparant, pour un

avenir menaçant, des générations de bandits
ou de crétins. S'ils s'avisaient de crier autour
des églises pendant le service, les sergents de
ville (*fausthœmmer*) saisissaient ces garne-
ments et les menaient au poste, et l'aubergiste
qui leur permettait de s'attabler chez lui un
dimanche, était frappé d'une amende double
de l'amende ordinaire pour s'être fait le complice de cette corruption de la jeunesse.

Mais ce n'était point là tout ce que le Magistrat demandait de ses concitoyens en fait
de respect du dimanche. Dieu ayant com-
mandé qu'on se repose le septième jour, personne évidemment ne devra s'y livrer à un
travail quelconque. Il est défendu de se pro-
mener dans les rues ou sur la grande route,
de travailler à domicile, d'aller en voiture ou
à cheval, à moins d'urgente nécessité. Les
trajets par eau n'étaient pas moins frappés
d'interdit que les chemins de terre, et la loi,
strictement exécutée, condamnait les citoyens
strasbourgeois à l'immobilité méditative la
plus absolue, si bien que l'obligation d'aller à
l'église devenait pour eux une récréation véritable. C'était le sabbat anglais dans toute sa
rigidité puritaine. Toute contravention était
punie d'une amende de deux livres pfennig.
Comme il était cependant nécessaire de pour-
voir aux besoins de la « guenille qui nous es

chère », l'autorité permettait la vente de légumes frais, de pain et de lait, le dimanche
matin, avant le service. Ceux qui ne voulaient
pas d'un régime purement végétarien devaient
faire leurs provisions dès le samedi soir. Tous
les magasins, boutiques, étaux restaient naturellement fermés ; le boucher qui se permettait de débiter de la viande un dimanche, était
frappé d'une amende de vingt-cinq livres, le
coiffeur ne devait point chauffer ses fers ni le
barbier toucher ses rasoirs pour adoniser ses
clients. Dans les maisons particulières elles-
mêmes, l'ordonnance prescrivait d'écarter
« tout ce que la faiblesse et la ruse humaines
ont inventé de contraire à la véritable sanctification du dimanche. »

Ce n'était pas seulement par des conseils et
des remontrances que le Magistrat essayait
d'inculquer le respect du repos dominical à la
population strasbourgeoise. Se méfiant peut-
être de l'effet de sa propre éloquence, il y
joignit plus tard des mesures éminemment
pratiques. L'ordonnance du 9 octobre 1680
annonçait que dorénavant les portes de la
ville resteraient fermées jusqu'à la fin des
services d'après-midi, parce que les « fidèles »,
sous prétexte de promenade et de récréations
innocentes, s'envolaient, à la débandade, dans
les villages voisins, pour se soustraire au fond

de quelque tonnelle ou gargote rurale aux
moroses obligations qu'on prétendait leur imposer ce jour-là. La grande variété des sermons et des prédicateurs — Osée Schad nous
dit dans sa chronique, à l'année 1613, qu'on
prêchait alors 3787 sermons chaque année
dans les sept paroisses de Strasbourg ! — ne
suffisait donc pas pour attirer nos ancêtres
sous la voûte de nos temples ; la police et ses
organes fut-elle plus heureuse ? Ces prescriptions sévères furent-elles toujours exactement
suivies ? Non, sans doute, et ceux-là même
qui les dictèrent furent les premiers peut-être
à les enfreindre. On ne change pas ainsi le
cœur humain, qui, par moments, préfère un
rayon de soleil, un sourire, une lecture attrayante, ou même des plaisirs plus vulgaires,
à tel sermonnaire, quelque distingué qu'il soit.
Nous ne concevons plus aujourd'hui comme
digne, comme méritoire et sérieux, un acte
de culte ou d'adhésion, même extérieur, à
une prescription religieuse, si cet acte n'est
pas entièrement spontané de notre part. Nous
regardons comme tyranniques des règlements
qui tendent à imposer à quelqu'un des exercices de culte qui ne répondent point à ses
sentiments intimes. Mieux inspirés, nos pères
auraient renoncé, eux aussi, à ce système de
compression qui ne pouvait mener qu'à l'hy-

pocrisie ou bien au mépris des lois. Nous
allons voir que, malheureusement, ils en jugeaient autrement et qu'imbus du sentiment
de leur responsabilité vis-à-vis de Dieu, ils se
croyaient obligés de veiller au salut de leurs
sujets, avec ou contre leur gré, et, d'affirmer,
au nom de l'Etat, cette doctrine terrible du
Compelle intrare, de l'obéissance religieuse
obligatoire, que l'Eglise avait pendant si longtemps mise en vigueur contre les hérétiques
et qu'elle professe encore aujourd'hui théoriquement, là-même où elle ne peut plus la
maintenir en pratique.

XXV.

La crainte de la police amenait bien, ainsi
que nous venons de le voir, les gens au prêche; elle ne réussissait point, à elle seule, à
leur fermer la bouche, en dehors des églises.
Le XVIe et le XVIIe siècle sont, plus que tout
autre peut-être, l'âge de l'invective et de l'in-
jure sous toutes les formes. Etait-ce la force
des convictions qui poussait tout le monde à
s'épancher en locutions exubérantes, était-ce
la tendance naturelle aux races encore jeunes
de colorer plus vivement leurs impressions en
les exprimant en gros mots? Je ne sais. Toujours est-il qu'on n'a jamais vu débordement

pareil dans les plus âpres polémiques de notre temps. Moines et humanistes, au début du
siècle, réformateurs et conservateurs plus
tard, luthériens et calvinistes, Jésuites et Jan-
sénistes, royalistes et ligueurs, tous les groupes, en un mot, tous les partis qui se com-
battent et s'étreignent en ces longues années
de lutte religieuse et politique, qu'ils parlent
le latin, l'allemand ou le français, qu'ils
écrivent en prose ou bien en vers, ont à leur
service un vocabulaire que feu Veuillot lui-
même n'aurait utilisé qu'avec une certaine
hésitation et qu'on ne tolérerait plus dans les
luttes parfois bien révoltantes cependant de
l'époque actuelle. Cette habitude des plus
grossières invectives, des plus lourds pavés
lancés au prochain, devait gagner aussi les
esprits dans leurs relations avec la divinité
elle-même. Sans y réfléchir toujours peut-être,
sans y voir en tout cas un crime pendable,
les bonnes gens du XVIᵉ siècle souffraient
d'une pléthore de jurons excentriques et de
blasphèmes impies qu'ils ne parvenaient point
ou ne tâchaient guère de refouler au fond de
leur gosier. C'était, dans leurs conversations
journalières, un vrai feu roulant d'exclama-
tions affirmatives qui ne sauraient se trans-
crire ici et dont un soudard aviné craindrait
d'émailler de nos jours une conversation de

caserne. Aussi comprend-on que le Magistrat
de Strasbourg ait essayé de lutter contre un
pareil dévergondage, en édictant les peines
les plus sévères contre cette épidémie blas-
phématoire. L'ordonnance de 1529 promul-
guait les châtiments suivants sur la matière :

« Quiconque maudit l'Éternel tout puissant,
notre Seigneur Jésus-Christ, quiconque touche
à sa divinité, quiconque nie la toute-puissance
de Dieu, sera puni de mort.

« Quiconque blasphème contre le sacrement
du corps et du sang de Christ, ou contre celui
du baptême, ou contre la Très-Sainte-Vierge
Marie, sera puni de mort ou d'une peine afflictive corporelle.

« Quiconque attestera par juron la majesté
ou la puissance divines, les plaies ou la chair
du Christ, et quiconque blasphémera contre
les élus de Dieu, sera puni soit de mort, soit
d'une peine afflictive corporelle, soit dans son
honneur et sa fortune. »

La peine de mort pour un juron, cela peut
paraître bien dur, surtout quand on songe
combien peu les hommes du XVIe siècle s'ef-
frayaient d'une expression gaillarde ou d'une
locution brutale. Mais le Magistrat n'ignorait
point qu'à ce compte-là, beaucoup de ses sujets, et peut-être de ses membres, auraient
ressemblé bientôt à saint Denis. Aussi avait-il

sagement ajouté un paragraphe supplémentaire pour empêcher le dépeuplement trop prompt de la cité. Cet alinéa portait que ceux qui jurent ainsi par *irréflexion* et *mauvaise habitude* payeraient chaque fois cinq livres schelling d'amende. Tout le monde pouvant, ce me semble, invoquer l'une de ces deux circonstances atténuantes, le danger devenait médiocre pour les blasphémateurs. L'article suivant montre combien les habitudes catholiques persistaient encore dans les masses. Il y est dit que « celui qui jurera par les maladies qu'on croyait jusqu'ici, mais à tort, être sous l'invocation des saints bien aimés de Dieu », payera un schelling six pfennigs d'amende, s'il se souhaite lesdites maladies à lui-même ou à ses semblables.

Quand plus tard, en 1568, l'autorité fit construire sur le pont du Corbeau les *schand-hæusslin* dont nous avons déjà plusieurs fois parlé, l'une de ces cages fut spécialement destinée à ceux qui proféreraient des jurons blasphématoires. Mais Schad, dans sa *Chronique* inédite, nous apprend que c'était seulement lors d'une troisième récidive qu'ils y étaient exposés à la risée des passants. Un premier juron leur coûtait deux schellings, un second cinq schellings, le troisième un florin ; on voit que le tarif avait été notablement

abaissé depuis 1529. Celui qui proférait des
jurons en présence d'enfants, payait double
amende, à cause du péché qu'il y avait à em-
poisonner ainsi des âmes innocentes. Nous
retrouvons cette dernière prescription jusque
dans l'ordonnance sur l'éducation des enfants,
édictée en 1738, et il n'y aurait certes aucun
mal à ce qu'elle figurât encore dans notre
législation actuelle.

L'autorité ecclésiastique se joignait dans
beaucoup de cas à l'autorité civile pour réprimer cette manie de jurer à tort et à travers,
en abusant des expressions et des idées les
plus respectables de la religion. C'est ainsi
que nous voyons un vieux jardinier faire
pénitence publique, en 1631, à Saint-Pierre-
le-Vieux et confesser devant les fidèles assem-
blés, qu'il avait pris le nom de Dieu en vain.

Mais on aurait tort de croire que c'est à de
semblables mesures seulement, peu terrifiantes
en somme, que se bornait la vindicte émanant
de la justice strasbourgeoise. Nos chroniqueurs
locaux nous ont conservé plus d'un exemple
qui prouve le contraire. C'est ainsi qu'en 1518
Thomas Bühl, un bourgeois de Kehl, fut noyé
dans l'Ill comme blasphémateur. En 1521
maître Georges, le bourreau, convaincu de
blasphèmes réitérés, est condamné à périr par
le glaive, après avoir eu la langue arrachée;

mais en mémoire de ses fidèles services, on
finit par commuer sa sentence. Il fut décapité
d'abord et son cadavre seul fut mutilé par
l'exécuteur des hautes-œuvres installé à sa
place. En 1569 un lansquenet, Georges Koch,
de Fulda, est condamné à son tour à un affreux
supplice. Pris de boisson sans doute, il avait
dit que « si Jésus n'avait point été un voleur
et un coquin, on ne l'aurait point pendu, qu'il
n'avait eu que ce qu'il méritait et que s'il était
mort sur la croix, c'était pour expier ses péchés
et non les nôtres. » Là-dessus les juges déci-
dèrent qu'on lui arracherait d'abord la langue
avec des pinces, puis qu'on le brûlerait vif.
Sur l'intercession de quelques âmes compâtis-
santes, on modifia le cérémonial de l'exécution. Le bourreau lui fit faire le tour du gibet,
une corde au cou, puis il le força à dessiner
de son pied une croix sur le sol, après quoi il
lui trancha la tête ; celle-ci fut plantée sur un
pieu, la langue clouée au gibet, le corps réduit
en cendres.

La mort elle-même ne mettait pas les con-
tempteurs des choses saintes à l'abri des sévérités d'une justice implacable, ainsi que nous
le montre une anecdote conservée par la
Chronique de Schad. C'était en 1528. Un paysan d'Altorff était attablé dans une auberge
quand il vit entrer le sacristain de la paroisse

de Griesheim, porteur d'une boîte remplie d'hosties destinées à la communion des fidèles. Le paysan, ivre probablement lui aussi, n'eut de cesse que lorsque le sacristain eut consenti à lui donner une de ces hosties. Il la prit, la rompit en deux sur une assiette, fit le signe de la croix par-dessus, mit une des moitiés dans un verre de vin, mangea l'autre et dit : « J'ai mangé le corps de Christ (*den leib gefressen*) ; buvons maintenant son sang ! » Mais à peine eut-il porté le verre à ses lèvres, dit le chroniqueur, qu'il tomba mort. Les siens l'enterrèrent d'abord au cimetière de la commune, mais l'autorité fit déterrer le cadavre et donna l'ordre de l'enfouir au pied du gibet.

Le moyen âge lui-même semble avoir été moins cruel pour ces méfaits, inspirés généralement par l'ivresse et commis par suite dans un état plus ou moins prononcé d'inconscience. Du moins M. Hegel nous a conservé un extrait du *Heimlich Buch*, remontant à l'année 1359, et qui relate le jugement d'Engelbrecht Claushorn et de Cuntzelin d'Atzenheim, accusés de blasphème. Ils avaient frappé à tour de bras sur une chaise en disant que c'était le bon Dieu et qu'ils voulaient lui casser une jambe ; puis Cuntzelin avait jeté son coutelas en l'air, en s'écriant qu'il voulait tuer Dieu. Ils ne furent point condamnés à mort ;

on se contenta de les bannir à perpétuité. Au XVIIᵉ siècle on semble être aussi revenu à des sentiments un peu plus humains dans les procès de ce genre. En 1649, par exemple, un jardinier, nommé Jean Nartz, fut arrêté pour avoir bu à la santé du diable dans l'auberge de Mathieu Hecker; il en fut quitte pour quelques jours de prison.

Si déjà nous ne pouvons nous résoudre à regarder comme légitime l'intervention de l'autorité civile sur un terrain si délicat, ni surtout approuver les châtiments terribles dont elle frappe ceux qu'elle déclare coupables d'outrages à la divinité, nous devrons protester plus énergiquement encore contre les procès d'hérésie que le Magistrat de Strasbourg se crut obligé d'intenter alors contre ceux de ses sujets qui ne partageaient pas les opinions religieuses patronées par l'Etat.

Notre ville jouit, à juste titre, de la réputation d'avoir été l'une de celles où la réforme victorieuse se montra tolérante et relativement modérée vis-à-vis des sectes nombreuses qui naquirent de la grande effervescence religieuse du XVIᵉ siècle. Ses hommes d'Etat, les Jacques Sturm, les Mathis Pfarrer, comme ses théologiens, les Hédion, les Capiton, les Bucer, ont conservé longtemps quelque chose du libre épanouissement de l'âge héroïque de la

Réforme, alors que déjà Luther vieillissant et
Calvin toujours rigide, avaient, chacun de son
côté, rétréci les bases des Eglises nouvelles.
Mais celles-ci eurent bientôt repris pour leur
compte la vieille maxime de l'Eglise catholique
qu'il faut ramener de force les hérétiques au
bercail et livrer les récalcitrants au glaive sé-
culier. Chez nous aussi, l'intolérance générale
de cette époque d'une foi si vive est attestée
par des épisodes lamentables dont les chroniques du temps nous ont conservé le triste
souvenir. Nous ne nous arrêterons pas à
raconter ici les incarcérations des nombreux
anabaptistes qui refusaient de faire baptiser
leurs enfants, qui refusaient aussi de prêter
tout serment, puisque leurs croyances religieuses le défendent, etc., et qu'on expulse en
grand nombre, tout en les frappant de lourdes
amendes (1527-1528). Nous voulons mentionner seulement deux exécutions capitales qui
prouvent, hélas! que Strasbourg n'a pas le
droit de blâmer Genève et de parler, avec
une indignation trop bruyante, du bûcher de
Servet. Le 21 décembre 1527 on exécutait par
le glaive un pauvre ouvrier, nommé Thomas
Scheidenmacher, condamné à être brûlé vif
pour avoir dit qu'il ne croyait point que
Jésus-Christ nous eût racheté par son sang,
mais qu'il avait été un homme tout comme

un autre ; qu'il ne croyait pas non plus à la
Trinité, ni que le Christ fût un Dieu, comme
le dit l'Evangile, mais qu'il ne pouvait croire
qu'à un seul Dieu. Malgré les exhortations des
juges et des pasteurs, il ne voulut point se
rétracter, mais persista dans l'affirmation de
ses croyances. En présence de l'échafaud, il
se troubla cependant et demanda grâce ; on
commua la sentence et l'on se contenta de lui
trancher la tête.

Quelques années plus tard, en 1534, on faisait le procès à Nicolas Frey, prophète ana-
baptiste, qui, ayant abandonné sa femme et
ses enfants à Nuremberg, était venu s'établir
à Strasbourg, avec une « épouse spirituelle »
qu'il proclamait une seconde Vierge Marie et
qui, selon lui, devrait donner le jour à un
nouveau Messie. Rien qu'à lire les détails sur
ses interrogatoires dans les récits contemporains, on se rend compte que c'était un malheureux exalté, plus qu'à demi-fou, pris du
délire des grandeurs, et s'adonnant à ces spéculations mystiques bizarres que les chefs
anabaptistes avaient mises à la mode alors
parmi leurs adhérents de tous pays. On lui
devait une place dans un asile, peut-être une
cellule dans une prison, si réellement il avait
commis le crime d'adultère pour des motifs
cha nels ; on le condamna à mort et le bour-

reau le conduisit au pont du Corbeau, pour le
noyer dans l'Ill. Quand on lui avait lu la sentence de mort sur les marches de l'Hôtel-de-
Ville, il avait répondu par des paroles iro-
niques : « C'est un beau jour ; je prendrai
mon bain avec grand plaisir, » et quand l'ecclésiastique qui l'accompagnait au supplice,
lui offrit de prier avec lui, il refusa disant
qu'en ce monde chacun avait assez à faire à
prier pour soi-même. Mais quand il se vit
placé sur le parapet du pont, prêt à recevoir
la poussée fatale, la peur le prit et c'est avec
un cri navrant de : Jésus ! qu'il s'abîma dans
les flots, « recevant, dit Schad, le châtiment
mérité de ses crimes. »

Certes je ne méconnais pas les éminents
services rendus à la cause de la liberté religieuse par nos pères du XVIe siècle. C'est
grâce à leurs efforts que la liberté de conscience a pu triompher plus tard, bien que ce
ne soit pas précisément sous la bannière de
la tolérance qu'ils aient combattu. Mais il est
permis d'autre part de constater les progrès
immenses faits depuis lors dans les idées, la
législation, les mœurs, en présence des ta-
bleaux que je viens de retracer en historien
fidèle. Il est triste de voir comment, quelques
années à peine après que Luther eût reven-
diqué avec tant de courage devant la diète de

Worms les droits de la libre conscience, un
Magistrat protestant trouve tout naturel de
priver de leurs droits, de leur liberté, de dépouiller de leur avoir des hommes qui ne
partagent pas les opinions orthodoxes sur le
baptême ; comme il condamna au bûcher un
pauvre inconnu, humble précurseur de Servet,
dont l'unique crime semble avoir été de ne
pas comprendre le dogme de la Trinité, de
nier la divinité du Christ et de croire à un
seul Dieu. Que diraient-ils aujourd'hui, ces
juges du XVIe siècle, s'ils entendaient les néga-
tions brutales de nos meneurs socialistes, ces
attaques déclamatoires contre « le nommé
Dieu, qu'une seule chose excuse, c'est qu'il
n'existe pas », ces arrêts hautains rendus
contre toute idée religieuse par la science
matérialiste contemporaine? Ils seraient épouvantés sans doute ; et plus épouvantés peut-
être, en constatant que les plus pieux, les
plus croyants parmi les chrétiens de nos jours
répugnent absolument à l'emploi du glaive ou
du bûcher pour réprimer ces blasphèmes.
Pour nous, nous ne pouvons que nous féliciter
de cette dernière disposition des esprits, car
il n'y a pas de véritable liberté de conscience
là où l'on n'a point le droit de s'égarer à
volonté dans les domaines immenses de la
pensée humaine, là où l'on n'est pas absolu-

ment libre de croire à tout ou de ne croire à
rien.

XXVI.

Il nous reste à aborder un chapitre final, et
le plus triste de tous, pour en finir avec ces
procès de lèse-divinité qui formaient, pour
ainsi dire, le dernier échelon de la criminalité strasbourgeoise au « bon vieux temps ».
Se refuser à l'observation des règles exté-
rieures du culte, était chose grave. Plus sérieux
encore l'outrage lancé contre le Très-Haut,
dans un moment de colère ou, plus souvent,
d'ivresse. Mais le moyen âge, à son déclin,
avait inventé un crime autrement horrible
que celui d'insulter Dieu d'une haine impuis-
sante ; c'était celui de se lier d'un lien indis-
soluble avec son éternel ennemi, l'Esprit du
Mal, et de vendre son âme immortelle à Satan, en échange de trésors terrestres et d'un
peu de sa puissance diabolique. Depuis le
jour où la bulle d'Innocent VIII, réglant la
persécution des sorciers, fut solennellement
promulguée en 1484, l'Europe chrétienne resta
pendant trois siècles sous le poids d'un cauchemar épouvantable, dont certaines âmes
crédules ne sont pas encore entièrement dé-
livrées aujourd'hui. Sans doute, auparavant
déjà, des malheureuses et des fous avaient été

poursuivis comme coupables d'avoir conclu
un pacte avec le Malin. Mais à partir de ce
moment la procédure contre eux fut régula-
risée par toute la chrétienté, et deux des in-
quisiteurs, nommés par Innocent VIII, Insti-
tor et Sprenger, fournirent, en rédigeant leur
Marteau des sorcières, un manuel commode
aux juges et aux persécuteurs. Il a fallu « l'ère
des philosophes », il a fallu la Révolution
française, pour éteindre définitivement les
bûchers en Europe, et il n'y a pas encore un
demi-siècle qu'une pauvre vieille fut noyée
comme sorcière par la population ignorante
et fanatisée d'un petit village de la Prusse
orientale. Il y a mieux; au Mexique, on a
brûlé naguère, en plein jour et devant les autorités civiles et religieuses, des sorciers et
des sorcières, en l'an de grâce 1879!

On a prétendu quelquefois que notre cité
natale n'avait point connu dans son passé ces
tristes procès de sorcellerie qui vont, en nom-
bres toujours croissants, du XVIe au XVIIe siècle. On a dit que la sagesse des magistrats,
que la culture intellectuelle des classes populaires, l'influence du clergé protestant, avaient
protégé la vieille ville impériale contre cette
honte et ce fléau. Il n'en est rien, malheureusement. Les recherches faites, il y a de longues
années déjà, quand j'écrivais mon *Histoire de*

la Sorcellerie en Alsace, et reprises depuis,
m'ont démontré sans réplique que Strasbourg
n'a point échappé à cette longue et terrible
épidémie morale, ce qui devait sembler d'ailleurs absolument invraisemblable *a priori*
pour tout homme pensant. La seule affirmation, conforme à l'exactitude historique, qu'on
puisse hasarder en faveur de notre ville, c'est
celle-ci: le Magistrat de Strasbourg se montra
généralement plus prudent que beaucoup de
ses collègues, dans l'examen des dénonciations qui lui parvenaient dans les affaires de
sorcellerie, et si ces dénonciations étaient
controuvées, ceux qui se les étaient permises
étaient frappés à leur tour par la justice. Ce
qui nous semble aujourd'hui élémentaire,
était alors une exception rare, dont il faut faire
honneur aux autorités de la république.

Cette prudence et cette équité se montrent
dès la plus ancienne affaire de sorcellerie
strasbourgeoise que nous connaissions et dont
les *Collectanées* manuscrites du Clussrath nous
ont conservé le souvenir. Un mauvais drôle,
nommé Hans Schoch, natif de Fürfeld, avait
profité d'un orage terrible, accompagné d'une
grêle désastreuse, pour dénoncer au Magistrat une pauvre vieille qu'il accusait d'avoir
suscité cette grêle avec l'aide du diable. Elle
avait été arrêtée, jetée en prison et mise à la

.torture pour lui arracher un aveu. D'autres
malheureuses avaient été également accusées
par lui, et plusieurs dames de la haute société
se voyaient compromises par ses insinuations.
C'est là peut-être ce qui sauva la principale
accusée, plus encore que son innocence. Les
juges chargés de l'examiner, la renvoyèrent
des poursuites et firent saisir à son tour ledit
Schoch, qui, dûment convaincu de calomnie
scandaleuse, fut jeté à l'Ill et noyé le vendredi
après l'Assomption de la Sainte-Vierge, en
l'année 1451.

Encore au XVI⁰ siècle nous rencontrons des
preuves de cette modération vraiment louable,
en un temps où le moindre mot en l'air, le
plus inepte soupçon pouvait aboutir à un assassinat juridique. J'en pourrais citer comme
exemple, l'amusante anecdote déjà cueillie
par M. Louis Schneegans dans les procès-verbaux des XXI à l'année 1535. Un auteur, dont
le nom n'est pas cité, vint demander au Conseil la permission de faire imprimer dans notre ville une relation des faits et gestes de Satan, qui venait de rendre visite aux habitants
de Schiltach, petite localité du grand-duché
de Bade actuel. Après délibération, le Conseil
arrêta «qu'un écrit pareil ne pouvait être
d'aucune utilité, et que par conséquent il fallait repousser la pétition de l'auteur, vu que

le Magistrat n'avait nulle envie d'entrer en
rapports avec le diable (« *man woll mit dem
Teufel nit zu schaffen haben* »). En 1585 le
même Conseil, saisi d'une dénonciation du
bailli de Wasselonne contre le porcher de la
commune et sa femme, accusés tous deux de
sorcellerie, et jetés provisoirement en prison,
refusa de les faire mettre à la torture et se
contenta de les éloigner de chez eux et de
les bannir du territoire de la république.
Aujourd'hui on appellerait pareille procédure
un déni de justice, et l'on aurait raison ; alors
c'était — il faut le répéter — une faveur
immense qu'on faisait aux accusés, dont la
torture aurait facilement tiré tous les aveux
que l'on aurait voulus. Et c'était une faveur
d'autant plus appréciable que les idées super-
stitieuses étaient très vivaces à ce moment à
Strasbourg. Je n'en veux pour preuve que les
nombreuses histoires de revenants, racontées
avec une foi entière par des ecclésiastiques
comme Schad ou des membres du Magistrat,
comme Walther, dans les pages de leurs
chroniques. Tantôt le premier de ces auteurs
nous conte gravement, à l'année 1554, les
exploits d'un esprit frappeur dans une maison
de la rue derrière Saint-Nicolas, ou ceux d'un
lutin de la Krutenau qui bouleversait la cui-
sine, servait le potage au jardin, cassait tous

les meubles de la maison et ne se laissait
même point déranger par la présence de
l'ammeister et de quelques théologiens (1574).
Tantôt le second nous relate le bombarde-
ment grotesque qu'un autre revenant faisait
subir aux voisins effarés, depuis les fenêtres
d'une maison hantée de l'*Oberstrass* (1622), etc.

Avec le commencement du XVIIᵉ siècle,
cette largeur de vues semble diminuer au
sein du Magistrat. C'est qu'alors commence
« l'âge de fer » des sorciers. Il y a comme une
folie de meurtre dans l'Europe centrale et
surtout dans le Saint-Empire romain, qui
sévit de 1615 à 1660. C'est par milliers que
de malheureuses hallucinées ou des victimes
absolument innocentes sont torturées, pen-
dues, décapitées, brûlées vives. Comment
l'Alsace aurait-elle échappé à cette épidémie
féroce? Là aussi le sang a coulé à flots ; quelques chiffres suffiront à le prouver. De 1629
à 1642 on brûla quatre-vingt-onze sorcières
dans la seule ville de Schlestadt ; de 1586 à
1597 trente sept dans le bourg de Rouffach et
deux cents dans la vallée de Saint-Amarin.
De 1615 à 1635, il n'y eut pas moins de *cinq
mille* sorciers et sorcières brûlés sur les
terres de l'évêché de Strasbourg !

Qu'est-ce, en vérité, que les quelques victimes isolées, rencontrées par nous dans les

dossiers judiciaires de Strasbourg, en présence de ces holocaustes sanglants ? La première d'entre celles dont nous avons pu retrouver la trace, est une pensionnaire de l'hospice qui fut accusée d'avoir « ensorcelé (*verderbt*) le chapelain de l'hôpital, et d'avoir commis bien d'autres sortilèges.» Reconnue coupable, elle fut décapitée le 27 janvier 1615 et son corps réduit en cendres. Pour l'année 1624, nous trouvons la mention de deux autres procès analogues. Le 10 décembre, on brûlait vif un paysan d'une cinquantaine d'années qui avait reconnu s'être donné au diable, avoir commis avec lui le crime d'impureté, et en avoir reçu en échange un onguent pour paralyser les hommes, et un fouet pour tuer les bêtes qu'il toucherait. Un peu auparavant, on avait jugé une jeune bonne qui avait tenté d'assommer sa maîtresse enceinte d'un coup de hache, et qui déclara l'avoir fait par ordre de Satan. Ayant avoué d'autres sortilèges encore, elle fut condamnée au feu, mais décapitée par faveur et son corps seul incinéré par le bourreau. A la même date un soldat congédié qui s'était vanté, devant quelques bourgeois, réunis à l'auberge de l'*Ange*, d'avoir appris à se rendre impénétrable aux balles et aux épées, grâce à l'aide d'un sorcier, fut traité plus doucement

vu qu'il se chargea de se punir lui-même.
Provoqué par les spectateurs à fournir la
preuve de sa merveilleuse acquisition, le
soudard ivre prit un couteau et s'en donna
trois coups en pleine poitrine. La lame re-
bondit au grand étonnement des spectateurs
ébahis; mais le quatrième coup, escamoté
sans doute d'une main moins assurée, ren-
versa le malheureux, baigné dans son sang.
Transporté à l'hôpital, il réussit à se remettre
de sa blessure, et le Magistrat se contenta de
faire attacher le sorcier maladroit au pilori
et de le faire battre de verges pour lui faire
passer l'envie de tours de prestidigitation
pareils.

Strasbourg semble avoir eu sa *crise* de
sorcellerie de 1630 à 1640. Encore doit-on
faire observer que ce furent surtout les bailliages ruraux et particulièrement celui de
Barr, qui fournirent à nos tribunaux la matière
à procès. Malheureusement les dossiers eux-
mêmes n'existent plus; nous voyons seulement par les répertoires du Conseil des XXI
qu'il y eut des procès de sorcellerie instruits
en 1630, en 1631, 1634, 1637, 1640, 1641, 1642,
1644, 1648. Au commencement, le Magistrat
tâcha même de réprimer le zèle des dénon-
ciateurs. Une ordonnance du 10 juin 1630,
signée du stettmeister Bernard de Kageneck,

blâme avec beaucoup de bon sens et d'énergie
cette manie de trouver partout des auteurs de
maléfices et cette rage d'accusation mutuelle
qui sévit à Barr et dans les villages environ-
nants. Mais sans doute, à la longue, les
zélotes eurent le dessus et les condamnations
capitales commencèrent. La femme de Jean
Kilian, de Barr, fut brûlée l'une des premières,
ainsi que nous le savons par une lettre de
son mari, protestant contre la confiscation de
ses biens. Le pauvre homme, n'osant attaquer
le bien-jugé du tribunal et ne se résignant pas
sans doute à voir dans la défunte un suppôt
du diable, emploie les circonlocutions les
plus bizarres pour parler du «fâcheux acci-
dent» arrivé à sa moitié. En 1631 une autre
sorcière, déjà condamnée à mort, tâcha
d'échapper au feu en se pendant en prison.
On la trouva étranglée avec son voile; elle
fut décrochée et livrée solennellement aux
flammes du bûcher.

En mars 1633 se jugea un autre procès de
sorcellerie, bien bizarre, que les pièces de nos
archives ne mentionnent point, mais qui est
relaté tout au long dans le troisième tome de
la volumineuse collection du *Theatrum Europæum*. Un jeune adolescent, élève de l'Aca-
démie des Jésuites à Molsheim, vint à Strasbourg, dans l'intention de mettre à mort, au

moyen d'une poudre magique, le plus célèbre
des théologiens strasbourgeois d'alors, le docteur Jean Schmidt, président du Convent ecclésiastique. Heureusement, dit notre récit,
le jeune criminel ne connaissait pas ce haut
dignitaire et s'attaqua à l'un de ses collègues
dans le ministère, auquel il jeta à la figure,
en pleine rue, le contenu d'une petite boîte
mystérieuse. La victime de cet attentat fut
longtemps malade; quant au malfaiteur pré-
coce, il fut arrêté, et dans l'instruction de l'affaire, avoua, nous dit-on, qu'il avait été cor-
rompu par un Jésuite dont la spécialité consistait à gagner tous ses élèves à Satan. Il
dénonça également les Révérends Pères d'En-
sisheim et de Brisach comme entachés de
pratiques de sorcellerie. Condamné à mort,
il monta sur l'échafaud, en témoignant un
profond repentir et en exhortant la foule à se
défier de la Société de Jésus. Il est impossible
aujourd'hui de deviner ce qui pouvait bien
se cacher sous cette procédure si étrange et
pour quels motifs on transforma, ce qui n'était
sans doute qu'une tentative d'assassinat ou
d'empoisonnement vulgaire, en un procès
de sorcellerie, à moins que ce ne fût pour
déconsidérer auprès des masses des adversaires actifs et dangereux. Après cela, tout le
monde admettait alors naïvement tant de

choses absurdes, qu'il n'y a rien d'impossible à ce que les magistrats aient véritablement cru les contes en l'air ou les aveux calculés du malfaiteur molsheimois.

L'exécution des prétendus criminels était accompagnée d'ordinaire, à Strasbourg comme autre part, de la confiscation des biens des condamnés à mort. En bien des contrées, c'est à cet usage surtout qu'il faut attribuer le zèle des gouvernants à trouver des coupables. En fut-il de même à Strasbourg ? Nous voudrions pouvoir le nier catégoriquement, mais nous avons retrouvé dans un fascicule des archives municipales une lettre du bailli de Barr, Jean-Daniel Cromer, qui propose au Magistrat d'employer les biens de quelques sorcières récemment exécutées, à payer la solde fort arriérée du caporal Philippe Kauss, commandant du château d'Andlau. Cette épître du 20 janvier 1637 peut être fort inoffensive, mais elle peut aussi suggérer l'idée qu'on avait tout simplement brûlé quelques bonnes femmes afin de trouver l'argent nécessaire — opération fort difficile au milieu de la guerre de Trente Ans ! — pour solder les dettes contractées vis-à-vis des mercenaires de la ville.

Le dernier procès de sorcellerie dont nous ayions retrouvé les traces est mentionné

18

dans la Chronique de Walther, à l'année 1660. Catherine Heim, la femme du maître d'école de Dorlisheim, avait été menée en ville, sous la prévention d'actes de sorcellerie, et enfermée au *Detmelthurm*; mise à la torture une première fois, elle nia toutes les accusations portées contre elle. Mais quand la malheureuse eut été accrochée une seconde fois à la poulie par le bourreau, et qu'on l'y eut maintenue pendant un quart d'heure, l'excès des souffrances arracha tous les aveux désirables à la pauvre femme. Elle fut donc condamnée à être brûlée vive; pour éviter les horreurs de ce supplice, elle s'étrangla dans son cachot. Le lendemain l'exécuteur des hautes œuvres brûlait le cadavre au pied du gibet. Le récit de Walther nous montre avec quelle rapidité s'instruisaient les affaires de ce genre. Arrêtée le 2 octobre, elle était condamnée le jour suivant, tant il semblait inutile, grâce à la torture, d'instruire avec attention un procès, si délicat pourtant et de conséquences si terribles.

Remercions le ciel de ne plus vivre en des temps aussi tragiques, où la méchante langue d'une voisine, les quolibets d'un entourage hostile ou jaloux suffisaient pour acheminer vers un affreux supplice des gens qui ne furent oncques plus sorciers que vous et moi.

Strasbourg, typ. G. Fischbach. — 1876.

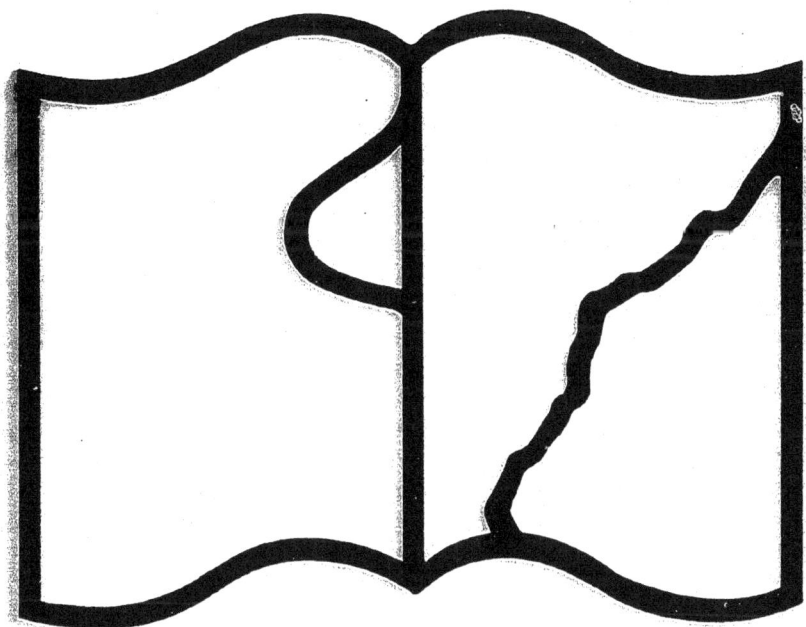

Texte détérioré — reliure défectueuse

NF Z 43-120-11

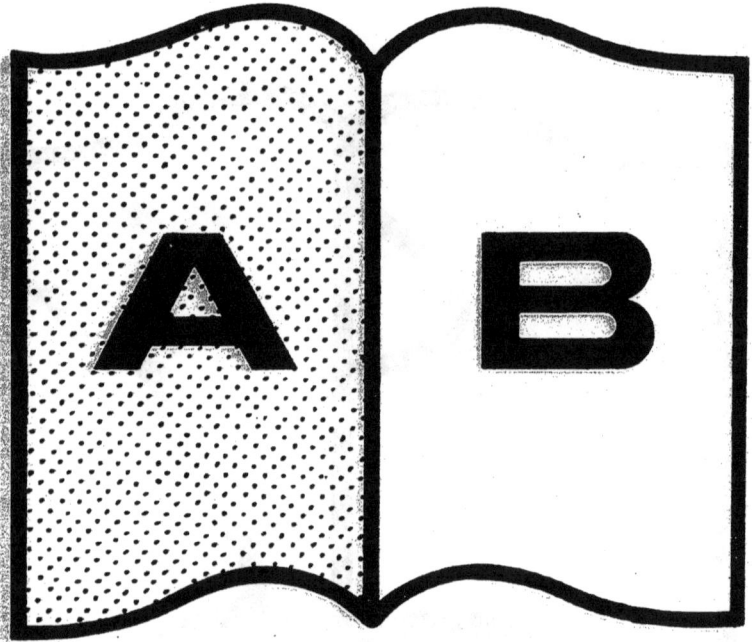

Contraste insuffisant

NF Z 43-120-14